天津市重点出版扶持项目

歌唱祖国

王莘传

王斌 杜仲华 著

天津社会科学院出版社

图书在版编目（CIP）数据

歌唱祖国 ：王莘传 / 王斌，杜仲华著. -- 天津 ：天津社会科学院出版社，2021.7

ISBN 978-7-5563-0735-7

Ⅰ. ①歌… Ⅱ. ①王… ②杜… Ⅲ. ①王莘—传记 Ⅳ. ①K825.76

中国版本图书馆 CIP 数据核字(2021)第 109517 号

歌唱祖国 ：王莘传
GECHANG ZUGUO : WANG XIN ZHUAN

出版发行：天津社会科学院出版社
地　　址：天津市南开区迎水道 7 号
邮　　编：300191
电话/传真：（022）23360165（总编室）
（022）23075303（发行科）
网　　址：www.tass-tj.org.cn
印　　刷：北京盛通印刷股份有限公司

开　　本：787×1092　毫米　1/16
印　　张：16.75
字　　数：230 千字
版　　次：2021 年 7 月第 1 版　2021 年 7 月第 1 次印刷
定　　价：59.80 元

目录

第三章 延安在召唤（1937—1938）

第四章 黄河在咆哮（1938—1939）

第五章 晋察冀之歌（1940—1949）

第九章

动荡中的坚持

(1966—1976)

第十章

踏上新征程

(1977—1981)

第十一章

与病魔抗争的日子

(1982—2007)

第一章

生于音乐之乡

（1918—1932）

从采桑叶到逛庙会

“江南好，风景旧曾谙。日出江花红胜火，春来江水绿如蓝。能不忆江南？”

白居易的这首著名的《忆江南》，曾令多少后人对江南心向往之；更有当代画家吴冠中，以极简的线条和色彩，表现江南水乡的独特景致，绿树粉墙黛瓦，小桥流水人家，清新而优雅，潇洒而婉约。

如果从空中鸟瞰江南地区，你会发现：围绕着太湖，大大小小的湖泊星罗棋布，弯弯曲曲的河道密如蛛网，周庄、同里、西塘和乌镇四大古镇，个个名闻遐迩。殊不知，在无锡、苏州和常熟交界处，还有一个小小的古镇，藏在深闺人未识，它便是荡口古镇。

荡口最令人心动的，不是它旖旎的水乡景色，而是它夺目的人文光芒。

称其为“古镇”，是因它最早的名称为“丁舍”，相传为中国古代二十四孝代表人物之一、东汉人丁兰的故里。据说，丁兰幼年父母双亡，未能尽孝，为报父母养育之恩，刻木为像，侍之如生。其妻久而不敬，以针戏刺其指，血出。木像见兰，眼中垂泪。丁兰询得真相后，愤然休妻。虽然从科学角度来讲，这个传说并不合理，却是对中华民族传统美德的一种弘扬。至明代，又有唐伯虎偕众吴门才子泛舟湖上，饮酒、品茗、吟诗、作画，而民间传说中的“唐伯虎点秋香”的故事,亦将场景设定在此地,为古镇平添了几许浪漫风韵。其后几百年,荡口文风接续,人才辈出,从近代科学先行者华蘅芳、国学大师钱穆、力学之父钱伟长、漫画大师华君武,到本书主人公、人民音乐家王莘,真如繁星点点,照亮了中国科技与文化的灿烂长空。

一个面积仅0.22平方千米的江南小镇,何以会物华天宝、钟灵毓秀、名人辈出?根据法国艺术史学家丹纳《艺术哲学》的观点,艺术的产生与动植物一样,都受到当地环境气候和历史文化背景的影响,这与中国人常讲的“一方水土养一方人”,可谓不谋而合。而传统的儒家思想、诗书传家、崇孝尚义,对科学与艺术的热爱和探索精神,无疑是怡养和滋润荡口人使其精英辈出的决定性因素。

现在,就让时光倒流到一个世纪之前的荡口,一个保留着原始和质朴风貌的荡口,一个堪称音乐之乡的荡口。

从空中看,荡口更像一个水中的小镇:它的外围,分别被鹅肫荡、蔡湾荡、南青荡、苏舍荡环绕;从鹅肫荡分流出的河道,其中一条流经荡口古镇,叫作“北仓河”,全长1200多米,河上架有28座造型各异的石拱桥、平板桥、廊桥等,并分别冠以“卖鸡桥”“卖鱼桥”“永安桥”等充满市井气的名称,似乎每座桥都有各自的来历。河面上,不时有江南特有的摇橹船“吱扭吱扭”滑过,激起一片片白色的涟漪。临河的人家,皆为粉墙黛瓦的明清老宅,石砌的码头,木格的推窗,夜枕河水闻涛入睡,晨起捧一把河水洗漱,倒也优哉游哉——当然,能够临河而居的,都是当地的有钱人家,本书的主人公,就没有这份幸运了。

在小镇的边缘,一处叫作杨家弄口的地方,有一幢结构简陋的低矮房屋,一明两暗,中间是堂屋,两侧是卧室,这,便是本书主人公的“祖居”了。

1918年10月26日,在这个极不起眼的陋室里,一个男婴呱呱坠地了。男婴的父母是一对贫穷的农民,对这个新降临的生命十分珍爱。因为在中国人的传统观念中,儿子才是家族香火的延续者,又是农民家里的主要劳动力。父母的第一个孩子是女儿,一直盼望生个儿子。故此,男婴出生后，左邻右舍的乡亲们敲着盆子奔走相告，庆贺王家喜添新丁。父亲为新生儿取名“王辛耕”，取“辛勤耕耘”之意；字“义汉”，意为“讲义气的汉子”。

对于儿时的生活，王莘曾在回忆录中这样写道：

我家当时很穷，父亲在苏州丝线店学徒，满师以后才在荡口开设地货行。母亲是个出身贫苦农家、非常勤劳善良又热爱生活的女性。母亲共生了六个子女，三个夭折。全部家务劳动，全靠母亲操持。姐姐出嫁后，母亲就连一个帮手也没有了。她要种三亩稻田，三亩桑树田，养春秋两季蚕娃娃，四季的衣被、五口人的饭食，都要从她那双手中捧出果实来。她每天黎明即起，深夜才睡，像一座上满了发条的时钟，一分钟不停地、准确地按她的安排为这个家庭做出种种奉献，而且从来不抱怨一句话。母亲总是把屋前屋后收拾得干干净净，还种上丝瓜、牵牛花、葵花。每当夏日，这些绿色植物夹杂着红、蓝、紫、黄的花朵，煞是好看。母亲常把那些小丝瓜炒成菜给我们吃，那清香的乡土味，直到现在我都忘不了。

父亲的所谓“地货行”，不过是买卖一些廉价土特产品 ，生意非常冷清，收入完全无法养活一个五口之家。所以，沉重的家庭负担便压在了母亲肩上。

小辛耕刚刚三岁的时候，便跟在母亲屁股后面采桑叶去了。在封建社会，多数妇女都有缠足的传统，变态的“三寸金莲”束缚了中国妇女上千年。而对一个农家女来说，裹了小脚，还怎么下地干活呢？所以，母亲一直固执地保持着一双“天足”。每天清晨，阳光刚刚透过窗棂，照射到幽暗的小屋时，母亲便轻轻摇醒小辛耕：“阿辛，快快起床，跟妈妈喂蚕宝宝去喽！”于是，睡眼惺忪的孩子便一边打着哈欠，一边拽着妈妈的衣襟，出了家门，向着桑田走去。采桑叶，实际是用剪刀剪树条。树条离地面不高，小辛耕举手便能摸到。母亲剪下树条让儿子抱在怀里，树条多了抱不动了就放在地上，再跟母亲往前走。母亲边走边重复一句话："阿辛呀，当心不要扎了手！"桑树林子很密，人走进去犹如进了迷宫。有时，小辛耕被母亲落在后面，便有些心慌，赶紧趴在地上找寻母亲的大脚。一看，地上留下她的大脚印，他便循着脚印一路追去。

小辛耕不但对采桑叶兴味盎然，而且对蚕的成长过程十分好奇，很想弄明白：从茧子里爬出来的蚂蚁似的小蚕，为何长大后能吐出丝来把自己缠在茧子里，又如何破茧成蛾？他曾在回忆录中记述了当时的观察结果：

> 春天，小蚕要出世了。母亲把一张张挂在墙上布满蚕子的纸拿下来，给我一根鸡毛，教我慢慢地把刚从茧子里爬出的小蚕扫在一个个"笾"里(一种竹编的大筛子)。她取来隔年的干桑叶，用双手搓成细末，撒在小蚕身上。有趣的是，小蚕一出生便会吃这些东西。十来天后，小蚕个头长得像大蚂蚁了，开始头眠，脱掉一层皮，吃鲜嫩的小桑叶；又过十几天，开始二眠，吃大桑叶，并倒在大"笾"里，放到笾架上。大蚕吃起桑叶来，速度可快了，一间屋子放上几个架子，蚕吃桑叶的声音就像下雨一样"哗哗"作响。再眠两次，蚕体变得半透明，一个个亮晶晶的。这时候，母亲把稻草捆成草把子，竖立在案子上，再把蚕一个个放在上面，这叫"上山"。在"山"上，一个个蚕宝宝缠头缠脑地吐出丝来，把自己编织在里面，成为一个个椭圆形的蚕茧。母亲留下一些蚕茧等待蚕蛾下子，其余的蚕茧都卖掉以补贴家用。

爱玩，是孩子的天性。除了跟随母亲养蚕种地，一有机会，小辛耕便与小伙伴们下湖游泳、捉鱼，骑在大人身上看庙会，自幼对民风民俗表现出浓厚兴趣。荡口镇上，有座二老爷庙，供奉着黑脸的二老爷神像。离荡口不远的地方，有一座玉皇大帝庙。每隔一段时间，"二老爷"就要晋见一次玉帝，当地便要组织一次盛大庙会。王莘曾在回忆录中，讲述了他与

"好妈"逛庙会的有趣经历——

小时候,我对赶庙会可高兴了。我们邻居有位寡居妇人,四十多岁,我叫她好妈。她膝下无子女,所以特别喜欢孩子。每当我挨打的时候,听到哭叫声,她即来保护我,给我说情。自然,我对她也非常感激。赶庙会时,站在大人堆里看不见,她就背着我去看。庙会是由长长的队伍组成的,走在前面的打着一面绣着某乡乡名的大旗,色彩很漂亮。还有大伞,它的直径与我家养蚕的大箔差不多。伞顶下面,垂着一圈黄色的绸子,上边绣满身穿鲜艳戏服的各色人物。看着这新鲜的长队伍,我也就提出一系列问题——"好妈,这是什么呀?""这是伞。""做什么的呀?""给二老爷遮太阳的。"伞队后面,便是二十来人组成的乐队,演奏的是我们苏南吹打乐,那横吹的笛、竖吹的箫、手拉的二胡,"咚咚、锵锵"的锣声,我听得太开心了——"好妈,这是什么呀?""嗯……嗯……"她答不上来。"做什么用的呀?"她又嗯了两声说:"给二老爷娶媳妇的。"十几个乡的队伍走过去,后面是许多人抬着的一个个雕刻精美的木质大花盆,上面放着各种花——"好妈,这是什么呀?"她用手在我屁股上拧了一把:"你这小猢狲,怎么这么多事呀!好好看,不要说话!"队伍里还有穿戏服的小伙子身上背着铁架子,架子上有个单杠似的东西,有一个小孩在上面盘杠子;有装饰得很好看的空轿子,说是给二老爷休息用的;许多"肃静""回避"木牌后面,是鸣锣开道的人,那锣很大,"哐!哐!"的锣声低沉震耳……最后才是那位穿了戏服的黑脸二老爷,坐在几十人抬着的露天轿子里面,优哉游哉,招摇过市。以后赶庙会,我特别留心欣赏精美的刺绣、木刻和苏南吹打乐,看完听完我就走,对那些热闹的景观却没啥兴趣了。

启蒙者是位“女神”

荡口是个文化昌明之地，自古崇尚教育。小辛耕最初识文断字，始于父亲的“野蛮教育”。父亲只读了两年私塾，但说起三国故事来，简直如数家珍；背诵诸葛亮的前后《出师表》，一字不差。小辛耕读小学之前，父亲便教他识字，内容无非《三字经》《百家姓》之类；又教他“描红”、练习毛笔字。几个月工夫，搞得小辛耕头昏脑涨，一旦完不成功课，便招来父亲一顿斥责：“你这小猢狲，这样笨，再记不得、写不好，就要挨打了！”有一天，父亲又检查他的作业，刚看了一眼，就板起面孔大叫：“你这小猢狲，伸出手来。”说着，气呼呼地拿来一根小竹棍。小辛耕怯懦地望着小竹棍，又偷窥父亲怒目圆睁的脸，没有一点要饶恕自己的意思，只好颤巍巍将手递过去。只听“啪”的一声，一阵钻心的疼痛从手心袭来，他不由地“哎呀”一声哭起来。好在父亲手下留情，打了一下便扔掉竹棍扬长而去，边走边说：“子不教，父之过；玉不琢，不成器。”事后他才得知，自己把《三字经》中的“人之初，性本善”，写成了“人之初，性本赵。”晚上，当小辛耕依偎在妈妈怀里哭诉时，母亲爱抚地揉着儿子的小手道：“阿辛呀，你老子打你是为你学好，莫要生气啦！”

苏联教育学家马卡连柯认为：父母“在五岁以前所做的一切，等于教育过程的百分之九十的工作”。多年后，王莘体会到，父亲本来不懂教育学，但他对孩子在求学和做人方面的严格要求，为小辛耕后来上学和走向社会，打下了良好的基础。

转眼间，小辛耕六岁了，到了上小学的年龄。

对荡口镇的孩子们来说，华氏义庄的私塾是最理想的学校。华姓，是荡口镇的大姓，华氏始迁祖华贞固耕读起家，以义为利，崇尚教育，创办华氏义庄，广办义田，兴办义学，引得民风淳朴、学子追捧、人才辈出。幼时，小辛耕经常路过华氏义庄，仰望那高大的院墙，狭窄的大门，产生了一种高不可攀的感觉。大门狭窄，是怕孩子出来玩耍，不专心听讲，所以一上课，私塾便大门紧闭，无法逃课了。他也曾眼睁睁看着他的小伙伴们，一个个背着小布包，里面装着四书五经，蹦蹦跳跳跨进校门，做他们的求学梦去了。而他姓王，是荡口的小姓，无缘进入这所华氏家族的义学。当他听着遥不可及的高墙内不断传出琅琅读书声时，不禁一阵失落。

1954 年王莘回老家看望启蒙老师沈凤梧

天无绝人之路。正当他怅然若失、不知所措时，听说镇上来了个女教师，她姓沈，名凤梧，毕业于上海高等女子师范学校，现在在一家基督教怀芬女子学校任教。

怀芬女校校址在黄石弄，原为一座地主庄园，院内有一片黑灰色的砖瓦房，其中一个大厅的中间，用木板隔成两个教室，供两个班上课。

从此，怀芬女校的教室窗前，便多了一个男孩的身影。

沈老师上课时，总觉得有个小脑袋在窗前晃来晃去，鬼鬼祟祟的，好像是在偷听讲课内容。

有一次，她忍不住了，径直走出教室，来到趴在窗根儿前偷听的男孩面前。只见男孩留着小平头，长弧脸，五官清秀，身穿一件粗布长衫，他看到沈老师出来，有些慌了手脚。

“你是谁，躲在这儿干什么？”“我喜欢听您讲课……”男孩终于怯怯地开了腔。“你说说，我刚才讲了什么？”男孩便把老师刚刚讲的内容复述了一遍。沈老师瞬间惊讶了：“你叫什么名字？”“王辛耕。”“好的，你进来吧，以后不要在外面偷听了。你坐在教室的最后一排，每天下课后帮我收收作业，打扫一下卫生，就不收你的学费了。”

进入女校后，王辛耕才真正领略了沈老师的风采。她年方二十，梳着刘海头，白皙的脸上戴着一副金丝边眼镜，显得文静而有气质。她平时不苟言笑，偶尔一笑却亲切宜人，令学生如沐春风。她很少穿花衣裳，春秋季，一身藕荷色或天蓝色上衣，黑色长裤；夏天，则喜欢穿一袭黑色长裙，犹如一只美丽的黑天鹅。王辛耕后来得知：她是“五四”以来，主张妇女解放，与男性享受同等受教育权利的新女性。在她看来，一个母亲有了文化，可以直接影响和教育子女，这样一来，有助于提升整个民族的文化素养。此外，作为怀芬女校的创建人，她不仅教国文，也教体育、教音乐、教绘画……也是从她那里，他第一次知道有一种能把音乐完整记录下来的五线谱。正是沈老师教会了他识谱、记谱……在沈老师的引导下，王辛耕仿佛进入了一个陌生而又新鲜的世界。他近乎贪婪地汲取着各种知识和文化营养——尽管它们只是初级的、基础的，然而，也正是这些扎实的基础教育，支撑起他后来的音乐创作的文化框架。用今天的话来说，她就是他心中的“女神”！

王辛耕读小学二年级时，中国发生了第一次国内革命战争，也称“大革命”。这是国共第一次合作，来反对北洋军阀统治的政治运动。对王辛耕而言，虽然“革命”二字在他年少的头脑中还是一个模糊的概念，但他知道，打倒军阀和列强，就是当时中国革命的目标。

王辛耕的大姨妈是个性格开朗的高个子女人，因为也生着一双大脚，而被大家称做“长脚阿姨”。她男人种地，她编些竹器到街上贩卖时，经常到妹妹家串门歇脚，顺便捎些粽子糖、烧饼之类给孩子们吃。一天，她从街上回来，神秘兮兮地对大家说：“哎呀你们知道吗，今天街上可热闹了，马路上搭了台子，有人在台上讲话，下面人听了拍掌，说什么军……噢，北伐军胜利了。”

一天早晨，王辛耕来到学校，沈老师高兴地对大家宣布：“北伐军胜利了，我们要庆祝一下，今天不上课了，上午到荡口小学看戏，晚上上街开提灯会！”孩子们一听，高兴得手舞足蹈，很快排好队伍出发了。

时值八月，丹桂飘香，荡口小学的大院里，早已搭起一个戏台，戏台的幕布上挂着一幅孙中山先生的画像。画像两侧的对联上，分别写着“革命尚未成功”“同志仍需努力”。演出开始，沈老师和女校的师生们一起观看了无锡中学表演的小话剧。王辛耕还依稀记得其中的剧情：两个热血青年密谋刺杀一个反动军阀，结果计划泄露被捕。二人争着认罪，欲为同伴解脱，不料却双双被杀。看到这令人悲愤的一幕，沈老师猛地起身，带领学生们振臂高呼：“打倒军阀！”“不许杀害好人！”

看完演出，王辛耕一溜烟儿似的跑回家，跟妈妈要了几个铜板，又一溜烟儿似的到街上买来红、绿、黄色油光纸，让姐姐和弟弟帮他劈好竹子，三人用棉线扎成一个八角灯的骨架，外面用彩纸糊上；然后用铁丝绕在灯笼上端，把一根木棍固定在铁丝上，用手一提，嘿，一盏漂亮的八角灯制作成功了！晚上，他让妈妈把一件他平时舍不得穿的暗条深蓝长衫翻箱倒柜找出来，穿在身上，马马虎虎吃了几口饭，便提着灯笼到学校集合。

此时，夜色中沉寂的江南水乡，被一串串闪烁的彩色灯影激活了：灯影在蜿蜒的石阶上晃动，灯影在湛蓝的湖水中摇曳，伴着铿锵的锣鼓声，激昂的歌声口号声，以及围观人群的欢呼鼓掌声，一种浓烈的节日般的氛围，在这个江南小镇弥漫开来，升腾而上……这个画面，他一辈子都忘不了。

（27 年后的 1954 年，王莘重返故里，特意看望了他的启蒙老师沈凤梧。当年荡口的三所小学，已经合并为荡口实验小学，校名便是请他题写的。沈老师仍在此任教。名誉地位的变化丝毫未改变他对沈老师的感恩之情。拍照时，他和两个儿子、沈老师的女儿都站立一旁，唯独给沈老师搬来一张椅子，请她端坐中间。在他心中，她应该受到这样的尊重。）

王莘题写校名的荡口镇中心小学

“画家梦”破灭

无锡是音乐之乡,诞生过瞎子阿炳、刘天华等音乐大家。王辛耕自幼便浸润其中,并学会了吹笛子拉二胡。但人们不知道的是,他最初的爱好,并非音乐,而是绘画。

王辛耕在怀芬女校被沈老师接纳为“旁听生”,转眼间两年过去了。到小学三年级时,经沈老师推荐,他得以转学到县立荡口小学。荡口小学坐落在司署弄,是一个旧衙门所在地。校舍占地面积很大,建有六间教室,一个大礼堂,有二十多位老师,从教学设施、环境到师资,都比女子学校更加优越。当时,教授他的语文老师是国学大师钱穆,音乐老师是国乐大师刘天华;而他的同窗中,钱伟长、华君武,后来成为中国科学界与艺术界的泰斗。这可真是一座响当当的学校、一个人才荟萃的教育圣坛啊!

王辛耕的教室,就在一年前他们看戏的那株桂花树旁。春去秋来,花香四溢;年复一年,时光荏苒,在这充满琅琅读书声的校园里,王辛耕同时受到浓郁的艺术熏陶。

读书之外,他的最大兴趣是体育。体育老师华义玉,三十多岁,身材魁梧,蓄着一脸大胡子,说话瓮声瓮气,性格粗犷豪放,在学生中颇有人缘。他教孩子们习拳舞棍、打篮球、开展体操运动,总是口传手授不厌其烦。很快,王辛耕成了体育活动的积极分子:在双杠上做“肩倒立”,单杠上连做二十个“引体向上”，令大家对他刮目相看。到底是农民的儿子，从小长在田间地头，身单而力不薄。

一次体育课上，华老师给大家讲解篮球传球、上篮要领，做了几次示范后，在旁边指导学生们练球。这时，教美术课的江老师从操场中间穿过。华老师连忙向他招手说：“嗨，江老师，有空给我画张像吧！”江老师停住脚步，远远地瞥了他一眼，笑笑道：“好哇，来吧！”说罢，从随身携带的画夹中，抽出一张八开素描纸，用小铁夹固定在画板上，拉开架势就要动笔。学生们见状，扔掉手里的篮球，纷纷围到江老师身后，欲亲睹江老师的画技。只见江老师虚起眼睛，仔细端详了华老师几眼，拿起手中的6B铅笔，“沙沙沙”地在画纸上勾勒起来：先是画出脸部轮廓，定好五官位置，继而分出明暗、深入刻画，须臾，一个活生生的华老师形象便跃然纸上了。一旁的王辛耕简直看呆了：啊！江老师的速写寥寥数笔，便抓住了人物的外貌和性格特征，不仅画得“像”，而且比本人更阳刚、更好看，这大概就是艺术的力量、美的力量吧！惊诧之余，一种欣赏美、创造美的渴望悄悄潜入他的心田，学画，也成了他课余的第一爱好。

从此，王辛耕成了江老师宿舍里的常客。江老师是江阴人，二十多岁，上海美专毕业后，只身一人前来荡口小学任教。他为人热情开朗，对学画者来者不拒，悉心指导。“学画并不难，但要从基础开始”，江老师道。说着，他从书柜上取下一个球形石膏模型，摆在一张小桌上，然后用台灯布了一下光线。“学画，首先是锻炼你的造型能力。这个石膏球，你想办法把它画圆了，画成球的形状，画出体积感、光线感，就算迈出了学画的第一步。要知道，当年欧洲文艺复兴三杰之一的达·芬奇，就是从画鸡蛋开始走上绘画道路的。”

“懂了，江老师，我一定按您的要求去做。”王辛耕频频点头称是。但一拿起铅笔，他又不知从何下手了。

“这样，你先打草稿，勾出球的轮廓，分出明暗面，然后用线条排出暗面、反光面和阴影部分，一步步来，不能着急。注意，你要以‘线’画‘面’，这与中国画中的‘线’是完全不同的概念。”

王辛耕边体会老师的话，边按老师叮嘱的步骤，起草，画轮廓，分明暗，一次次修改，一遍遍深入，直到画圆了，像个球了，有重量感了，才暗自得意地用征询的目光看看江老师。

“球是像了，可是像铁球，不像石膏球，”江老师笑道，“为什么呢？你的暗部画得太深、太匠气了，没有了石膏的质感。”

王辛耕又画了一幅。这次好些了，江老师很满意：看来，孺子可教也！

画完石膏，又画静物。静物都是就地取材：水杯，墨水瓶，陶罐……王辛耕逮着什么画什么。

除了给王辛耕开“小灶”，江老师还带学生们到户外写生。小镇风光好，处处都入画。有一次，王辛耕画了一幅“卖鸡桥”的水彩画，画出了白墙黛瓦、小桥流水的江南水乡意境，色彩饱满，得到了江老师的称赞，被作为范图挂在教室里。四年级时，无锡举办全县小学生绘画比赛，江老师便推荐王辛耕代表学校参加。比赛现场，来自全县的七百个小学生一起画静物写生。“好大阵势啊！”王辛耕心想。但他并不怯阵，取出画笔，端详着眼前的素描对象：一张铺着衬布的茶几上，放置着一瓶蔷薇，四只苹果。明亮的光线，温馨的色彩，确定了画面基调，他从容下笔，细心描摹。比赛结果出炉，他荣获了三等奖。这是他人生中的第一个奖，也是他开启艺术征程的第一步。他的获奖不仅引发荡口小学一片欢愉，也令父亲感到脸上有光。是啊，一个农民的儿子，人生目标不过是“辛耕”，怎么会被艺术女神光顾呢？或许，这孩子还真有点天赋啊！从此，父亲将从牙缝里省出的铜板，慷慨地支持了儿子购买画笔、画纸和颜料的需要。毕竟，望子成龙，是天下多少父母的梦想与期待呀！

一年以后，江老师觉得王辛耕有了一定绘画基础，便与他聊起今后的发展方向。“辛耕，你的画进步很大，很有发展潜力。但你要明白，仅有绘画基础是远远不够的，因为绘画可以是一种兴趣爱好，也可以成为一种职业，比如像我这样的美术教员，或者将来做一个画家，应该给自己一个方向和定位的。具体来说,你是想在西洋绘画,还是在中国画方面下功夫呢?”

这个问题一下把王辛耕问懵了。他从未考虑这么长远,一时语塞……

“我的建议是,你将努力重心放在中国画上。一来,中国画是我们民族的艺术,有十分悠久的历史传统,可学习和借鉴的东西很多;二来,我们家乡的山山水水、花花草草,是最适合以水墨的形式来表现的。”江老师推荐他到书店购买山水画入门书《芥子园画谱》,学习山石、树木、人物、屋宇、花卉草虫的笔墨技法,后来又借他一套清代名画家王石谷的山水,他临摹后请江老师指教,得到老师的夸赞,并力挺他报考专业美术院校。随后,他将得到老师首肯的山水送到画店装裱成卷轴,悬挂在自己家中的堂屋里,父母更加以辛耕为豪。

1930年夏,王辛耕以优秀的考试成绩,取得了校长叶颂周颁发的县立荡口小学毕业证书。当时,他对绘画的迷恋,已经到了立志要毕生从事的程度。江老师告诉他,上海美专需要中学毕业才能报考,只有苏州美专接收小学毕业生,学费也比较低廉,每个学期几十元。不料父亲一听就摇了脑袋:你学画是好事,可是,家里拿不出这么多钱啊!

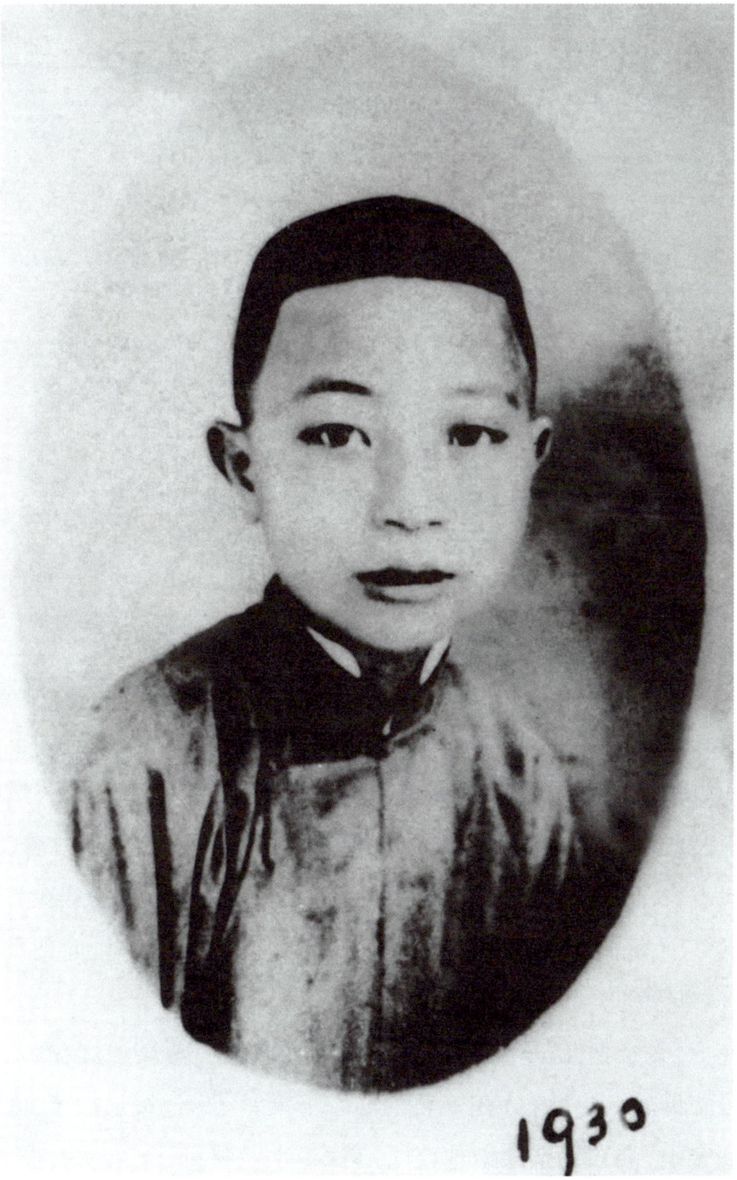

1930 年小学毕业时的王莘

沉醉水乡丝竹声

想不到过了两天，父亲却给了王辛耕一块大洋报名费，让他报考无锡县立中学。这大大出乎他的意料，王辛耕马上转忧为喜，打起自己的小算盘：上中学也可以，中学毕业我再考上海美专。

考试后三天发榜。发榜前夜，王辛耕翻来覆去睡不着，天刚亮，便急匆匆赶到县立中学。现场早有考生静候门外，翘首以待了。直到上午九点多钟，只听"喀啦"一声，紧闭的校门终于打开了，考生们就像久旱的庄稼闻雷声，蜂拥而入，挤到新生录取名单前。王辛耕的心怦怦跳着，从上往下寻找着自己的名字。忽然，他发现了"王辛耕"三个大字，悬在心中的一块石头终于落了地："我考上了！"他一路欢呼着跑回家里，向父母报了喜讯，两位老人也笑得合不拢嘴。

晚上，父亲把儿子叫到自己屋里，桌上摆着一盏煤油灯，跳动的灯光映照着父母的一脸愁容。王辛耕的心一下揪紧了。他被录取了，满面春风地回到家中，谁知父亲却给他浇了一盆冷水："孩子，爹叫你去报考中学，是想试试你的实力。能考上我们为你高兴，可是你知道咱们家境不好，哪有钱供你上学？"父亲说的是实情，王辛耕无法抗拒，眼泪吧嗒吧嗒滴落下来。母亲叹了口气，从床上起身走到儿子跟前，抚摸着他的头说："阿辛，不哭，听你父亲的话。"父亲舒展了一下眉头说："我打算找叶校长商量，请他允许你在小学补习一年《古文观止》，里面都是好文章啦。我再给上海的亲戚写信，请她帮你在上海找个学生意的地方，你是大孩子了，要帮家里过生活嘛！”

1931春节过后，王辛耕回到荡口小学。叶校长十分同情他的境遇，破例让他待在教师的预备室里，请六年级的张老师为他补习语文，学习《古文观止》《尺牍》等古籍。《古文观止》，是清康熙年间吴楚才、吴调侯编选的古文集子，全书共十二卷，精选了先秦至明代散文、骈文二百二十二篇。这二百多篇文章，老师是有选择地进行辅导，王辛耕最爱读的是其中的《屈原列传》《桃花源记》《兰亭集序》《岳阳楼记》和前后《出师表》、前后《赤壁赋》。一年的补习，对他参悟中国古典文学的堂奥，学习古人写人、写事、写景的技巧，获益匪浅。

王辛耕的姐姐在他读小学三年级时出嫁了，姐夫名唤朱英才，家住甘露镇，距离荡口有2.5千米。此人比姐姐大七岁，细高个儿，白净脸，喜欢穿件长衫，显得干练而洒脱。姐夫在荡口镇一个杂货铺里当账房先生，而真正令他在镇上小有名气的是，他对琴、棋、书、画虽不精通，却样样拿得起来。下班之后，他最爱拉京胡、二胡，或者吹笛子。王辛耕经常到他家去玩，渐渐被他的琴艺吸引了，跃跃欲试，也想学。有一天，他终于忍不住了，从姐夫手里夺过胡琴，“嗞嗞”地拉了几下，唉哟，那声音真难听，难听得姐夫直堵耳朵，难听得王辛耕自己都脸红了。姐夫拍拍他的肩膀道：“小伙子，心急吃不了热豆腐，胡琴这玩意不是那么好摆弄的，要拉出好曲子，你得熟悉它的脾气禀性！”“行，那你好好教我！”于是，姐夫开始教他识谱、听音、两根琴弦的调音。学琴的日子是单调乏味的，整天拉七个音阶，时间一长他就烦了，拜托姐夫教他拉个曲子。姐夫说：“不可以的，这跟养蚕一样，小蚕只能吃桑叶末子。”

练琴与画画不同，画画是不出声的，而拉琴动静较大，会惹得四邻不满。这不，第一个出来制止的就是父亲。他对儿子的最新爱好很不赞成，只要听到儿子屋内的琴声，便会大声呵斥。这样，就逼得小辛耕不得不将琴箱夹在两腿之间，以便练习指法时降低音量。后来姐夫又“密授”他一法：取根筷子做琴码，夹在琴弦和蛇皮之间，拉出的声音便可变小很多。姐夫教他的第一支二胡曲子是《江南丝竹·老六板》，其后是《梅花三弄》《柳青调》《行街四合》，以及京胡“二黄原板”“西皮原板”等。姐夫将这些曲子的简谱抄写给他，只要有机会，他便照谱练习。王辛耕通过坚持不懈的练习，渐入佳境，终于，二人可一起合奏几支曲子了。

如前所述，荡口本是音乐之乡，江南丝竹极为普及，常有镇上百姓凑到一起，以二胡、笛子为主，辅以琵琶、扬琴、笙、箫等乐器，三五成群，自娱自乐，吸引得王辛耕从驻足观望，到成为他们中的一员。优雅婉转的民族民间音乐，早已浸润到他的血液与灵魂深处，这无疑对他后来的音乐生涯和创作风格的形成，产生了重要而深刻的影响。

别了,我的故乡

1931 年 9 月的一天,王辛耕照例到荡口小学补习功课。一进老师预备室,便感到一种非同寻常的紧张气氛。脸色气得涨红的张老师,破口大骂张学良和东北军。王辛耕问张老师发生了什么事,张老师从桌上顺手抓起一张《申报》,用手指在头条新闻上用力一划,文章大标题赫然入目:《日军大举侵略东三省》,副题是《蔑弃国际公法,破坏东亚和平》。当时,王辛耕已 13 岁,面对国难,一股强烈的爱国情感在胸中燃烧。回到家里,他发现父亲的情绪也很低落,父亲说:"现在的军队连三国时的古人都不如。诸葛亮在《后出师表》中还说'然不伐贼,王业亦亡,惟坐而待亡,孰与伐之'。现在日本人侵占了东北,再不抵抗,整个中国就危险了!"

父亲的话不幸言中。1932 年 1 月底,从上海传来更坏的消息:日军向驻扎在上海的十九路军开火了。几日后,从上海传来的消息令人振奋:"十九路军军长蔡铤锴、副军长蒋光鼐率部违抗蒋介石不抵抗命令,不撤出上海,收复天通港车站。""八百壮士与四行仓库同归于尽不投降。"

古老的荡口镇,似乎是个"不知有汉,无论魏晋"的世外桃源。而日本帝国主义的铁蹄践踏,却激起了荡口人民的反抗浪潮。他们同仇敌忾,发起抗日募捐活动。王辛耕也找父亲要了几个铜板,庄严地投入钱缸中。耳听着"当当"的清脆响声,他心中也升腾起一种"国家兴亡,匹夫有责"的使命感。

1932年秋，14岁的王辛耕在父亲王景亭的陪同下，离开家乡荡口，到上海先施百货公司当练习生。这是一条艰辛而悲惨的路，是世世代代无数农民子弟走过的路。因为贫穷，因为落后，因为城乡之间的差距，看不到未来与希望的青年背井离乡，期待在相对发达的城市中寻找立足之地、谋生之所，以便改变自己的命运。本来，王辛耕可以到苏州美专学习绘画，可以到无锡县立中学完成学业，但两次机会都因家境贫寒而失之交臂。在荡小补习一年之后，家境并无任何改变。父亲无奈地说，你到上海学生意去吧。多年后，他在回忆录中这样写道——

> 1932年秋天，父亲和我说上海来信了，要我去上海学生意。出发的一天终于来到了。那天我们一家人起得很早，七点就从家里出发，步行半个小时，到荡口新桥上船。行前，母亲和姐姐给我打好一个铺盖卷，准备了一只羊皮木板手提箱，并穿上母亲为我新缝制的棉布长衫。母亲又把一种自制的“刨花水”(亮发剂)蘸在手上，揉匀了抹在我头发上，梳理整齐、光亮。然后嘱咐我说：“阿辛，到了上海要好好做事，好好注意身体，一到地方就写个信来呀！”她说着话，泪水却从眼角流了出来。我仰望着她，忽然发现她有些老了，刚四十岁年纪，已经有了几根银发，眼角的鱼尾纹也深了——她真的太累了。我的心一下子抽紧了，两眼潮湿，鼻子发酸，强眨了几下眼睛，苦笑着说：“妈妈，不要哭啊，我一定听你的话……”
>
> 路上，不断有年纪大的人叫我父亲问：“景亭，这是到哪里去呀？”父亲也不断以自豪的口吻回答：“送阿辛去上海学生意啦！”那时，去上海的船是用一艘汽船拖一条木船，船上有固定的木凳，可容纳百十人。离开船还有半个小时，母亲、姐姐、弟弟都送我到船上，依依惜别之情，令人心碎。母亲抱着我的头，再次叮嘱我一人在外，多多注意安全。我也强忍泪水，劝慰了她。

“呜——”汽船拉笛示意要开船了，一个船工敲着铜锣喊道：“送人的下船喽，送人的下船喽！”母亲、姐姐、弟弟一步一回头地下了船，我深情地望着他们，不断向他们挥手告别。船离岸边远了，我终于忍不住了，想到母亲的终日辛劳，想到姐姐出嫁后身边没了帮手，想到弟弟年纪尚小，也想到自己背井离乡前途渺茫……不禁潸然泪下。

第二章

枪口对外，齐步前进

（1932—1937）

初尝世态炎凉

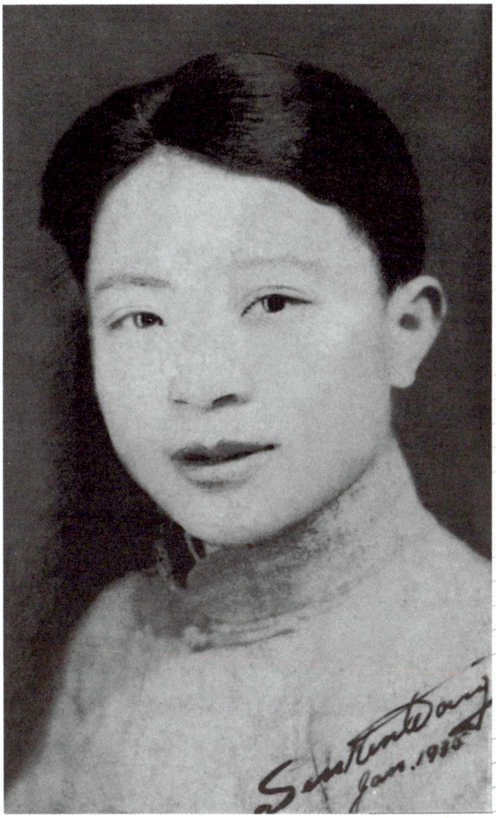
1934 年在上海先施公司工作时的王莘

从幽静恬淡的江南水乡，来到“冒险家乐园”的上海，王辛耕瞬间被它的繁华、拥挤和喧闹震撼了。王景亭父子这对老实巴交的乡下人，宛如刘姥姥进了大观园，眼睛中不禁流露出几分惊惧与怯意。下船后，爷俩叫了一辆黄包车，将亲戚来信中注明的地址告诉车夫，便在颠簸中上了路。上车不久便看到一座圆拱桥，桥边立着一座高大的煤气罐，王景亭自以为是地指着煤气罐说：“瞧，这就是上海人蒸包吃的大锅！”黄包车夫回头瞥了他一眼，话锋中略带讥讽：“老乡，没来过上海吧？你在哪里见过这么大的锅哇？”正说话间，桥下跑来几个衣衫褴褛的小童，将黄包车用力往桥上推。下桥后，车夫绕了个弯子，停下来说：“老乡，给钱吧！”

“到了么？”王景亭惊愕地问。

“没有！”

“没到就要钱么？”

“老乡，这你就不懂了吧，孩子们帮助推车，挺辛苦的，给五个铜板吧！”

付了“小费”，上了黄包车，跑了一段路，王景亭发现又回到了那个“大锅”、那座小桥。黄包车夫停下脚步，放下车把，伸手道：“六毛钱！”王景亭怔住了：什么？这么短的路程就要六毛钱，这可是六十个铜板呀！算我倒霉，遇上敲竹杠的了！碍着面子，他从粗布长衫中抖抖擞擞地掏出六毛钱。

其实，外婆家就住在离“大锅”不远的公共租界。

忽然间，一阵尖厉的警笛声打破了周围的宁静，街头的行人慌不择路，或避于街角，或窜入弄堂，店铺纷纷闭门谢客，现场一片混乱嘈杂。稍顷，但见一个头戴包布的印度巡捕挥舞大棒，用听不懂的外国话大声喝斥着，驱赶着挡道的车辆。随即便是一队摩托车开道的日本兵，他们全副武装，一路小跑，大皮靴踩在路上嚓嚓作响，杀气腾腾，不可一世。之前只在报纸上见过鬼子的王辛耕，这次真的“见鬼”了，感到又气愤又恶心。

日本兵过后，父子俩跨过小桥，走进了河对面的公共租界，一路找到外婆家。原来，外婆认识先施公司的一位职员，对他说自己的外孙虽是乡下人，但人很机灵、勤快，又会说上海话，愿意到先施公司谋个活计。

当晚，王辛耕便在外婆家过夜。外婆家的房子并不宽敞，他让父亲睡在床上，自己则坐倒在椅子上，弯着腰，弓着腿，头靠着椅背，在惶惑迷乱中渐渐进入梦乡。

第二天清晨，王辛耕头昏脑涨，拖着沉重的双腿，到先施公司报到。从公共租界到先施公司，本可乘坐有轨电车的，无奈他囊中羞涩，只好咬咬牙步行前往。好处是,可以看看路上风景,熟悉一下自己即将开启新生活的这座城市。

越走越接近市中心,越走越繁华、拥挤和喧闹。那川流不息的人流,“叮叮当当”疾驶而过的电车,一幢幢令人目眩的高楼大厦,以及琳琅满目的商店橱窗,无不昭示着一座现代大都市的气度与排场。尤其是与他擦身而过的男男女女们,或西装革履,或长衫旗袍,比他这个“乡下人”摩登多了。找到上海最繁华的南京路上的先施公司时,远远看到“先施公司”四个大字,他的心不由“怦怦”跳动起来——在这幢中间耸立着一座钟楼的六层洋式建筑中,等待他的将会是怎样的命运呢?

先施公司,是澳大利亚华侨、广东人马应彪在上海南京路与浙江路交口处投资兴建的。“先施”,取自《中庸》的“先施以诚”,是一座集百货、旅馆和娱乐场所为一体的大型百货公司,与永安、新新、大新并称为上海四大百货公司,也是描写20世纪三四十年代上海生活的影视作品中,经常出现的地标性建筑。

20世纪30年代上海南京路上四大商场之一的先施公司

命运是这样给他安排的:先施公司的下层员工里,有店员,见习店员,练习生。店员是卖货的,见习店员是导购,练习生负责给顾客送货。他属于最底层的练习生,在公司二楼电器柜台工作,每天工作10小时,月薪三块大洋。三块大洋中,他每月要寄给家里一块。一块钱,在大城市里不算什么,到了农村就有大用。他深知父亲身体不好,一直病恹恹的,农桑之劳,全靠母亲;有了这一块钱,便可补贴家用,减轻母亲的负担。他最心疼的也是母亲。另外两块大洋,即便精打细算,也难以支撑其食宿方面的花销。就拿住处来说,在上海闹市区租赁一个"亭子间",最便宜的也要两块钱,需多人合租,"摊薄",才掏得起。王辛耕初到上海,一时很难找到这样的合租房,无奈之下,只好到外滩的黄浦公园过夜。他听说这座公园是外国人修建的,所以也称"外国公园"。公园起初是不对中国人开放的,门口甚至挂着一块极具侮辱性的牌子:"华人与狗不得入内"。后来由于民愤太大而撤掉,并开始接纳中国人。天气暖和的时候,王辛耕在公园里找个亭子、长椅,睡上一晚。时常于梦乡中,遭蚊虫叮咬,夜雨侵袭,自是苦不堪言;更兼冬天来临,北风呼啸时,就难寻御寒之所了。于是,他只好硬着头皮,到新结识的朋友家借宿,在人家的走廊或灶间蜷缩一晚。灶间里烟熏火燎,泔水挨身,气味难闻,他也全然不顾,累了一天,倒头便睡。转天,又去麻烦另一个朋友,打一枪换一个地方。久而久之,他再敲门,人家也不开了,只好到门楼下凑合一晚。这种居无定所的"打游击"式的日子,他经过了整整一个寒暑,才得以改善。

最令他感到屈辱的一次经历,是因为一时失手摔坏顾客留声机而受到的处罚。那日,一个日本侨民来到电器柜台前,相中了一架美国进口的柜式留声机。交易完成后,王辛耕帮他将留声机搬到街上,卸货时,由于留声机分量太重,落地时不慎失手,一条老虎腿被摔断。日本人见状,马上火冒三丈,吹胡子瞪眼,用一口半生不熟的中国话吼道:"你这小瘪三,摔掉了我的腿,我不要了,退货!退货!"王辛耕惹了祸,又怕又气。怕的是,一个月才挣三块钱,自己如何赔得起;气的是,我一个十几岁的孩子,搬着几十斤重的东西,你,还有拉货的司机,两个大老爷们,看我卸货吃力,竟袖手旁观,谁也不上前帮一把。还有点人性吗?街上的吵闹声惊动了电器柜台的店员们,出来劈头盖脸臭骂了小伙计一顿,还有人趁机踢了他两脚。老板更是怒不可遏，不但扣除了他三块大洋，还“连坐”到电器柜台的所有同僚。这件事，令初涉职场的王辛耕饱尝了世态炎凉、人间冷暖。

也正是这时，他开始接触到革命和进步思想。就在他的身边，先施公司二楼的一隅，有一家量才夜校，引起了他的注目——在这个“吃喝玩乐”俱全、夜夜笙歌的大型商场里，居然还有一所学校，与周围环境多么不协调！量才学校是免费对外开放的，王辛耕便怀着一种好奇心理走进夜校，想听听老师究竟讲些什么。原来，夜校不仅教文化，还讲时事政治，讲什么是民主自由，什么是爱国主义，为什么要反抗日本帝国主义的侵略……他不听则已，一听便如磁石般被吸引了。这些闻所未闻的道理和主义，令他，一个穷人，一个农民的儿子无比入耳入心，仿佛在一个黑暗的山洞里，忽然发现前方的一缕亮光。是啊，自己身处的这个世界里，这个充斥着五花八门的奢侈品、飘荡着“何日君再来”“夜上海”一类靡靡之音的温柔富贵乡，究竟是谁家天堂、谁家乐园？而那些创造财富的人，那些没日没夜辛苦劳作的人，却只能像他一样，露宿公园，每天啃着几只烧饼艰难度日。这个社会是何等不公啊！而日本帝国主义的入侵，又使得社会矛盾与民族矛盾叠加之下雪上加霜。渐渐地，他知道了这所夜校的正式名称是“申报业余实习学校”，主人是上海有名的商人、教育家和报业巨头，《申报》创办人和总经理史量才，校长则是后来被称为救国会“七君子”之一的李公朴。九一八事变后，史量才痛感国土沦丧、内战连绵，对蒋介石“攘外必先安内”的政策十分不满，政治态度更加鲜明，《申报》在他的主持下，成为抗日进步力量的喉舌。“申报业余实习

先施公司二楼的量才学校创办人，史量才先生

学校”便是史量才创办的带有公益性质的进步文化事业之一，为抗日救亡工作培养了大批进步青年。

与校长李公朴的相识，对王辛耕而言还有一个意外收获：刚刚从美国留学归来的李公朴教会了他英语。当时，李公朴送他一本中英文对照的小册子，告诉他学习英语的“捷径”便是背单词，掌握尽可能多的词汇量，然后再练口语。王辛耕谨记在心，将英文单词抄写在一张张纸条上，放在衣袋里，每天一有空便掏出来背诵。白天，他在先施公司的柜台上偷偷背单词，别人只见他嘴动，却听不出他“哇里哇啦”说什么；晚上回到亭子间，同伴们早已进入梦乡，他却借助窗外反射进来的霓虹灯光背诵单词。那光线不但微弱，而且闪烁不定，对视力的损伤极大。若问为何他一个农民的儿子，年纪轻轻的就戴上了眼镜？这便是答案。

量才学校校长，“七君子”之一的李公仆先生，后来他和史量才先后被蒋介石暗杀，他曾留学美国。王莘的英语便是和他学的

这样几年下来，他已掌握了四五千个英文单词，口语表达亦相当熟练。对英语的熟练掌握，不仅为他日后从先施公司“跳槽”解了燃眉之急，更为他的音乐创作和中外艺术交流活动提供了便利条件。

站在梯子上指挥

1934年，一部由中国共产党领导的上海左翼电影人拍摄的电影《桃李劫》公映了。影片描写了九一八事变后，一对刚毕业的青年学生参加工作以后，不但未能实现人生理想，反而家破人亡的悲惨经历。王辛耕在观看影片时，一下就被田汉作词、聂耳作曲的一组电影插曲震撼了。一群刚刚走出校门的学子，激情澎湃、踌躇满志地聚在一起，引吭高唱《毕业歌》：

同学们，大家起来，
担负起天下的兴亡！
听吧，满耳是大众的嗟伤，
看吧，一年年国土的沦丧！
我们是要选择战还是降？
我们要做主人去拼死疆场，
我们不愿做奴隶而青云直上……

饱含悲愤的歌词，激昂慷慨的音调，犹如一阵阵催人奋进的战鼓，猛烈撞击着王辛耕的心扉，两行热泪不禁夺眶而出。而《大路歌》《开路先锋》沉重铿锵的节奏，又令他信心百倍，深受鼓舞。这是他第一次感受到革命音乐对人民大众的动员、鼓舞和激励作用。

1935年春，王辛耕有幸结识了左翼音乐家吕骥。作为量才学校的主讲老师之一，吕骥不仅给学生普及音乐知识，还教大家演唱抗日救亡歌曲。当他发现了王辛耕对音乐的兴趣和素养后，便推荐他到一个由冼星海、吕骥领导的，以“立新会计学校”名义为掩护的教歌指挥训练班学习。应该说，吕骥确实慧眼独具。他青睐的这个学生，本就生在音乐之乡，是聆听着江南丝竹长大的，且笛子、二胡，样样拿得起；进入先施公司后，又终日与收音机、留声机打交道，对音乐尤其是进步歌曲耳熟能详……而且，他还识谱，做一个教歌员和指挥是绰绰有余的。在训练班里，王辛耕还结识了作曲家孙慎（《救亡进行曲》作者）、麦新（《大刀进行曲》作者）等人。

一天，立新会计学校来了位身穿粗呢西装的老师，细高的个子，生着一张英俊的面孔，双目炯炯有神，声音雄浑而有穿透力。“同学们好，我是冼星海，从今天起，我每周给大家讲一次音乐指挥课。”由于操着一口广东腔的普通话，担心大家听不懂，他便借助表情和手势，表达他的观点和思想。冼星海的出现在王辛耕的内心掀起一片波澜。他早就听说过，这位出生于澳门一个贫苦船工家庭，早年在北京国立艺专和上海国立音专学习，后又留学法国的音乐才子，学成后竟舍弃了艺术之都巴黎的优裕生活，毅然回到国难当头的故土，究竟怎样一种理想信念支撑着他？随着与冼星海接触的增多，王辛耕进一步感受了他的爱国热情和博大胸怀。他从不以留法作曲家自居，而是与学生平等切磋交流；他从不钻进象牙之塔闭门造车，而是与普罗大众打成一片，终日忙于抗日救亡工作，到处给工人、学生、店员教歌。他的创作欲望空前高涨，一首首激情四射的爱国歌曲从他笔端流溢而出，很快便在人民群众中广为传唱，成为对敌斗争的锐利的思想武器。

一个时代的艺术作品是由当时的社会环境和时代精神决定的。具体到音乐来说，每个时代有每个时代的歌。当国难当头、同仇敌忾时，以聂耳、冼星海为代表的人民音乐家的作品，便理所当然地成为时代的主旋律。在很短时间内，王辛耕便组织起一支二百多人的街头合唱团，成为一名抗日救亡歌咏运动的骨干。

1936 年，日寇在华北频频挑衅、步步逼近，华夏大地一片血雨腥风，全国人民的抗日热情空前高涨。9 月 18 日，上海多达三万名工人、学生和店员组成浩浩荡荡的游行队伍，不顾警察的水龙、棍棒袭击勇敢前行，在上海最繁华的南京路与军警形成对峙态势。走在游行队伍最前面的，便是王辛耕指挥的二百人合唱团。在军警设置的路障前，他爬上一架人字梯，面向合唱团和游行人群，挥起有力的双臂，指挥人们引吭高唱聂耳的《义勇军进行曲》：

起来，不愿做奴隶的人们，
把我们的血肉筑成我们新的长城！
中华民族到了最危险的时候，
每个人被迫着发出最后的吼声
……

一曲歌罢，又响起冼星海的《救国军歌》：

枪口对外，
齐步前进，
不伤老百姓，不打自己人！
我们是铁的队伍，
我们是铁的心。
维护中华民族，
永做自由人！
……

几百人的合唱,上万人的呼应,如春雷,一声强于一声,如怒潮,一浪高过一浪,在高楼林立的南京路产生巨大回响,令人心旌摇荡、热血沸腾!

忽然,王辛耕看到受阻的游行队伍开始松动了,缓缓前行了,猛回头,见方才还如临大敌的军警不见了,路障也被移动了。军警哪去了?莫非他们良心发现:自己也是中国人,日本人都打到家门口了,咱不去打日本人,却将枪口对准自己的同胞,没脸了,无地自容了;抑或是,被游行队伍的浩荡声势和雄壮歌声所震慑,与其螳臂当车,不如走为上策。

那一刻,他显然被眼前的景象惊呆了:音乐,原来还有这么大威力!虽说他生于音乐之乡,浸润了江南的民间雅乐,来沪后又听惯了甜歌艳曲,只有这次,在民族存亡的生死关头,才真正领略了音乐的本质、音乐的力量——它,不仅可供人们娱乐消遣、怡养性情,更可成为鼓舞士气、振奋人心的冲锋号、进行曲,成为投向敌人的刀枪和子弹!

那一刻,他忽然产生了一个强烈愿望:我也要做音乐家,我也要写歌!一个农民的儿子,一个缴不起学费、被迫靠体力谋生的商场小伙计,立志与艺术结缘,岂非异想天开?非也。艺术家产生的最重要元素,是天赋。天赋是不分种族、出身与贫富的。它宛如一粒良种,遇到合适的土壤、空气和水分,便会茁壮成长,结出累累硕果。

那一刻,他对音乐有了一个全新的、理性的认知,他的人生观和艺术观产生了一个质的飞跃。

在蒋介石老家，被“逼上梁山”

第二天，王辛耕到先施公司上班时，一个店员告诉他：老板请你到他办公室去一趟。王辛耕心里“咯噔”一下，莫非昨天大游行的事被老板发现了？

果然，老板一见他，便眉头紧锁，阴阳怪气地说：“听说你昨天出尽了风头呀！”

王辛耕心里早有准备，从容答道：“是的，我指挥大家唱抗日歌曲了，国难当头，匹夫有责嘛！”

老板上前拍拍他肩膀：“很好，你去教你的抗日歌曲吧，我们是商场，不能容留反日分子，你被开除了！”

“开除就开除，”王辛耕将脖子一梗，满不在乎地说，“你相信吗，明天我就到外国大企业上班！”

老板以为他吹牛，孰料，次日一早，王辛耕真的到外国大企业——美国标准牛奶公司打卡去了。原来，他早就对先施公司心怀不满，尤其在他失手摔坏留声机受到重罚后，自尊心受到严重挫伤，从而动了“跳槽”念头。一天，他在街头看到美国标准牛奶公司的招聘广告，对应聘者有两条要求：一、精通英语，能熟练用英语与客户交流（因当时牛奶的订户主要是外国人）；二、身体强健，可蹬三轮车走街串巷，为客户送牛奶上门。这两个条件,他都能满足,所以当即被录用。此时,他万分感激一个人:是他教会了自己英语,使他在面临失业的人生十字路口,绝处逢生,也为自己出了一口恶气。这个人便是李公朴。

从此,上海的街头里弄,多了一个虽瘦小却强健的青年送奶工的身影。同时,他也继续扮演着抗日救亡歌曲教歌员和指挥的角色。

1936年10月22日,王辛耕与量才学校师生一起,参加了鲁迅先生的遗体告别仪式。从万国殡仪馆到虹桥万国公墓,送葬队伍一路高唱挽歌和抗日救亡歌曲,呼唤民众以鲁迅为榜样,提振民族之魂,反抗黑暗势力,为中国人民的解放事业前赴后继。

1936年11月23日,国民党政府一手制造了震惊中外的"七君子事件",逮捕了上海救国会领袖沈钧儒、章乃器、王造时、李公朴、邹韬奋、沙千里、史良。王辛耕与量才学校闻讯后举行了和平示威和请愿活动,提出"爱国无罪,还我校长"的诉求。"七君子"被转入苏州监狱后,王辛耕又与金更、董康等代表全校学生前往苏州探望慰问。

但是不久,王辛耕的抗日救亡歌咏活动引起国民党当局的注意,他被列入了上海市公安局的抓捕名单。组织上通知他立即转移到乡下,暂时避避风头。这样,他不辞而别,连夜离开公司,躲到了上海近郊的莘庄(旧时上海县所在地)。在莘庄隐居期间,王辛耕发现"莘(shēn)莘学子"的"莘"字,只有在地名中才念"莘(xīn)",这个"莘"恰好与他名字中的"辛"同音,为了隐姓埋名,躲避当局的追捕,便从此更名为"王莘(xīn)"。这也成为全国独一无二用在人名中的"莘(xīn)"字。多年后,王莘夫人与儿子儿媳重游故地,寻访当年王莘的"隐居"之地,亲切地发现当地许多街道名称都带"莘"字,百姓的发音也是莘(xīn),而走出莘庄,莘(xīn)便变成莘(shēn)了。这也是一些电视媒体在称呼王莘时,都读错音的原因所在。

战争风云笼罩着中华大地,空气中弥漫着硝烟的味道。1936年暑期,在蒋介石的老家宁波,受上海抗日救亡运动的影响,一批爱国青年组织了宁波各界抗日救国会，开展起轰轰烈烈的抗日救国戏剧歌咏活动。国民党当局十分恐慌，采取种种卑劣手段进行打压，“西安事变”后更变本加厉，将救国会负责人范雨峰逮捕并判刑。一度活跃的宁波抗日救亡活动被镇压下去。“野火烧不尽，春风吹又生。”翌年春，原救国会骨干谢相箴又在宁波组织秘密读书会，宣扬革命理论和爱国思想，并在此基础上组建了一支业余演剧队。

不久，经上海基督教青年会刘良模介绍，王莘搭轮船前往宁波，担任宁波基督教青年会主持的暑期补习学校音乐教员。在其后的两个月时间里，他用在上海组织合唱队的方法，在宁波建成一支二百多人的歌咏团，使一度沉寂的宁波街头，重新响起抗日救亡的豪壮歌声。

1937 年 7 月 7 日，卢沟桥事变爆发，日本帝国主义发动了对华全面战争。消息传到宁波，群情激愤，同仇敌忾，抗日救亡歌咏活动也热火朝天地开展起来。这一天，宁波基督教青年会礼堂，聚集了一千多名各界代表，纷纷上台发言，要求政府全面抗战，决不妥协，歌声、口号声此起彼伏，许多人慷慨解囊，支援前线。会上，宁波演剧队演出了独幕小话剧《放下你的鞭子》。

幕布拉开，舞台上出现了一位头戴毡帽、手拿胡琴的白胡子老头，招呼一个年轻俊俏的姑娘说：“来，咱俩为台下的老少爷们献上一段小曲！”姑娘点点头，随着幽咽的胡琴声唱道——

“高粱叶子青又青，九月十八来了日本兵。先占火药库，后占北大营。杀人放火真是凶。中国军队几十万，恭恭敬敬让出了沈阳城！”

忽然，姑娘剧烈咳嗽起来，上气不接下气。老人抱拳向台上围观的群众道：“这姑娘是我亲生女儿，我们是东北沦陷后逃到关内的，没饭吃，她是饿的呀！……”围观者几声叹息，几分怜爱，纷纷掏出铜钱，向场心抛去。老头的胡琴再次拉响，姑娘仍咳嗽不止。老头怒了，拿起皮鞭便抽打女儿，女儿柔弱不堪，跌倒在地。忽听一声断喝：“住手，放下你的鞭子！”台上几个围观者冲向老头，用身体护住姑娘。顿时，台下一千多观众齐声高呼："打回老家去！""不做亡国奴！""打倒日本帝国主义！"

大幕重启后，王莘指挥的二百人合唱团上场了。此时的王莘，仿佛又回到"九一八"大游行时的南京路，只不过，这次不是站在梯子上，背后不再是路障和军警，而是舞台上下群情激昂的宁波各界爱国人士！他高高地扬起头，缓缓张开双臂，向蓄势待发的合唱队员们用力一挥，"起来，不愿做奴隶的人们，把我们的血肉，筑成我们新的长城"，雄浑悲壮的歌声，如炸雷般响彻云天，瞬间令人血脉偾张，令全场气氛达到顶峰!

1937年8月，风云突变，国民党政府发出禁令，不准再搞抗日救亡活动，王莘和救国会成员、歌咏团积极分子王永章、王士章、姚士元等七人同时被捕，关入宁波市公安局拘留所。活了十九年，王莘第一次有了"蹲监狱"的体验。失去了阳光和空气，失去了自由和尊严，七个人关在一陋室内，没有床，只有铺在破旧地板上的一条破草席。最过分的是王莘身旁，还放置了一只恭桶，臭气熏天，令人作呕。他抗议。抗议无效。因为他的喊叫，根本无人理睬。夜深了，又一类害人精蠢蠢欲动了：遍地的臭虫纷纷从地板缝中、破草席里钻出来，贪婪地吸食着他们肉体上的血液。吸食后的瘙痒是任你如何抓挠也无法消解的。"娘希匹，真不是人待的地方！"不知谁在黑暗中骂起街来，这才发现，大家都在与臭虫"搏斗"。后来，斗倦了，干脆谁也不睡了，坐在破席上大眼瞪小眼，等待黎明时刻的到来。

天亮后，王莘被"提审"。

"姓名？"

"王莘。"

"性别？"

"男。"

"年龄？"

"十九。"

"为什么被捕？"

“不知道。”

“你从哪里来？”

“上海。”

“上海人跑到宁波来干什么？是不是共产党派你来的？”

“不是。我是基督教青年会的教歌员。”

“教什么歌？”

“《义勇军进行曲》《救国军歌》《打回老家去》……”

“为什么教的都是反日歌曲？”

“日本帝国主义侵略中国，占我领土，杀我人民，反对它有罪吗？”

“……”审问者哑口无言。

三天后，宁波公安局迫于社会压力，不得不将王莘等七人取保释放。与此同时宣读了两条禁令：一、歌咏团为非法组织，立即解散；二、王莘既非宁波人，必须立即离开宁波。

宁波将他“驱逐”了，上海也回不去了，王莘又一次品尝到“爱国有罪”的滋味，感觉自己像《水浒传》里的林教头一样，也要“逼上梁山”了。

而战友们是不会抛弃他的。宁波秘密读书会会长谢相箴先是介绍他到共产党员卢琼英姐妹家中暂住，不久，又安排他随宁波演剧队去郊外四面环山的马家路避避风头，并在山区开展救亡歌咏活动。九月的一天，谢相箴率领十几位爱国青年抵达马家路，悄悄告诉王莘：他们准备组成一支抗日宣传队一路北上，进行抗日救亡宣传演出，最终目标是到革命圣地延安去。

第三章

延安在召唤

（1937—1938）

十五人的“长征”

到革命圣地延安去？太好了，这是我向往已久的地方啊！早在两年前，王莘在上海基督教青年会从事救亡歌咏活动时，便从报纸杂志上了解了有关苏联社会主义建设和共产党的相关的情况，受到先进的革命理论和思想影响。1935年10月，中国工农红军经过二万五千里长征到达延安，并向全国发出团结抗战的主张，更令他认识到延安才是中国的希望，只有共产党才能救中国。如今有这样好的机会，怎能放弃呢？所以，当谢相箴征询他的意见时，他毫不犹豫地表示赞同。

1937年9月的一天，在马家路祠堂，谢相箴、范雪峰、邵刚、应成欢、李全起、戴蛟川、吴伯辛、陆祖芳、陆祖坤、金浪、沈鞠如、龚春蕙、沙平和王莘共十四人，举行了“宁波战时流动宣传队”成立大会，会上，选举王莘为队长，范雪峰为副队长，吴伯辛为总务。在演出事务上，谢相箴担任戏剧导演，王莘兼任歌咏指挥，金浪负责美术宣传。会上还共同订立了如下纪律守则：

一、坚决抗战到底；二、途中任何人不得擅自离队；三、行动须保密，不准与家庭亲友通信；四、钱财集中使用；五、戒烟戒酒；六、不准谈恋爱。最后一条规定最无“人情味”：队员中已有妻子的，当场要把妻子照片烧掉；谢相箴和沙平是夫妻，也要暂时分居。此刻，大家一心想的是去延安，要抗日，要革命，完全是自发地过一种“军事共产主义生活”，信仰的力量、理想的力量压倒一切，义无反顾。

组织有了，规矩立了，钱从哪儿来呢？王莘是队长，第一个认捐。怎奈囊中羞涩，只有区区二十元，有些难为情地放在桌上。继尔，你三十，他五十，众人拾柴火焰高，不大会儿，便凑足现金五百多元。其中贡献最大的是范雪峰，将家中女眷的金银首饰全部奉上，用来购置了一口行军锅、两顶童子军帐篷。大家把捐出的现金统一交由总务吴伯辛保管和计划支出。吴总务曾在宁波钱庄管账，有理财经验，也算是“人尽其才”吧！

第二天，大家分头进行出发前的各项准备工作：王莘负责排练一套歌曲，包括《义勇军进行曲》《五月的鲜花》《大刀进行曲》《打回老家去》和几首苏联歌曲；谢相箴负责排练《放下你的鞭子》《回声》《张家店》等小戏；金浪负责用洋布绘制宣传画……至此，他们开始了十四人的“长征”。

“长征”的首站是余姚县城。马家路距余姚二十千米，山高水远。拂晓，王莘率“宁波战时流动宣传队”告别马家路，背着行军锅、抬着童子军帐篷，担着演戏用的行头、道具，抄近道，在乡间小路鱼贯而行。这些年轻人中，多数未经历体力劳动的锻炼，细皮嫩肉，身单力薄；况且“远道无轻载”，走得久了，便体力不支，气喘吁吁，有的脚上还磨出血泡。稍事休息后重新启程，王莘且行，且带大家高唱革命歌曲，用精神的力量战胜身体的疲劳。经过五六个小时的长途跋涉，一行人终于抵达余姚。当晚在余姚城隍庙演出，观众多达千人，气氛热烈。演出后，大家已是疲惫不堪，就在大庙里席地而卧，顷刻进入梦乡。

第二站是杭州。乘乌篷船，走水路，先至百官，渡曹娥江，向杭州进发。进入杭州之前，他们先在萧山逗留。为何？虽然经过“西安事变”，为全民族抗日统一战线的形成奠定基础，但国共之间的嫌隙并未冰消雪化。尤其在国民党统治区通行，仍会受到监视与掣肘。所以，王莘一行急中生智，买了一个厚厚的账本，从余姚开始，每到一地演出，皆请各地党政官员发表观感，题词鼓励，留下“热血青年，为国辛劳”“鼓舞人心，可嘉可佩”之类，并盖上大印。依此方法，取得“合法”地位，路遇诘难，取出大印，以为“护身符”也。

在萧山演出的次日，宣传队渡过钱塘江，绕过杭州市区，步行到灵隐寺慰问从淞沪会战前线撤退的伤兵。此时，灵隐寺大雄宝殿及周边建筑已人满为患，俨然一座临时组建的野战医院。头上肢体上缠着纱布血迹斑斑的伤兵们发出的呻吟与哀号，仿佛在佛祖面前诉说着人世间的劫难。医生和护士们则穿梭其间，为他们打针、换药、包扎伤口。忽然，大殿里由远而近，由弱而强地传来低沉而雄浑的歌声：

五月的鲜花
开遍了原野
鲜花掩盖着志士的鲜血
为了挽救这垂危的民族
他们正顽强地抗战不歇……

只见大殿里，王莘一众年轻人边唱，边走到伤员面前，与他们握手，打招呼，表示慰问。歌声，使一些躺着的伤员坐了起来，一些站着的伤员拄着拐杖蹒跚走来；歌声，使兵民的情感水乳交融般黏合在一起。歌者越唱越激昂，听者越听越感动，大家的眼中饱含着泪水，口中相互传递着友爱和温暖。这是一次抗日救国情怀的大爆发，彰显了人们抗战到底的坚强决心和钢铁意志。慰问伤员后，他们当夜返回萧山驻地，次日一早租了一条乌蓬船，沿着大运河向苏州进发。

“上有天堂，下有苏杭”。王莘一行多未到过苏杭，未尝领略西湖的美景，苏州的园林；途经绍兴时，也未能瞻仰鲁迅故居。大敌当前，国难当头，怎么有心绪游山玩水？何况，有“军令状”在先，不容破坏。

经过两天两夜的航程，王莘一行抵达第三站苏州。此时的苏州，已初现战乱的景象：随处可见从上海败退的国军将士，扶老携幼躲避战火的难民，其脚下扬起的灰尘遮天蔽日，老人的喘息声、孩子的哭叫声此起彼伏，完全没有了往日姑苏古城小桥流水的平静与雅致。在苏州伤兵站，王莘邂逅了老友、上海基督教青年会会长、现为伤兵站站长的刘良模。听闻王莘北上意图后，他当即写了几封介绍信，请各地基督教青年会的朋友予以协助。

当夜，王莘一行又雇了一条船，前往下一站镇江。到镇江时，已是九月下旬，随着《国共合作抗战宣言》的发表，千呼万唤的抗日民族统一战线初步形成。这对他们是一个极大鼓舞。为壮行色，宣传队到当地服装店里，为每人购置了一套黑色中山装，换下长袍马褂，使军容更加整齐划一，更加精神焕发。离开镇江时，他们又增加了一个队友——镇江图书馆馆长马义。

这样，十四个人的“长征”又变成了十五个人的“长征”。

从镇江到浦口时，宣传队首遇险情。按照他们预定的计划，应搭火车到南京，从南京到徐州，再从徐州转陇海线前往西安。但抵达浦口后，发现已无北上列车。正踌躇时，两个穿中山装的国民党特务从远处走来，一脸严肃地问：“你们从哪里来，到哪里去？”

王莘泰然答道：“我们从宁波来，准备去津浦路前线慰问抗战队伍。”

国民党特务一听从宁波来，马上改变态度，满脸堆笑说：“既然是蒋委员长家乡来的宣传队，我们非常欢迎。我们是中央宣传部的，请你们过江到南京去，由我们统一指挥并发放经费。”

“这样吧，今天天色已晚，大家都疲劳了，我们先在浦口住下，明天再跟你们过江，如何？”王莘使出了他的拖延战术。

国民党特务知道当天已无北上的列车，便勉强同意了。

摆脱了国民党特务的纠缠，大家决定“三十六计——走为上”。由王莘和范雪峰出面，当即联系浦口站军管处，一个正在值班的年轻军官听说他们急着北上劳军，非常支持。便帮忙查了一遍当晚的列车时刻表，好不容易发现一列运煤车将开往山东枣庄，中途经过徐州，便安排他们上了车。

此时，天如重铅，阴云四合，顷刻间降下大雨，雨水伴着煤末，在车厢里形成一条条蜿蜒的小渠。无处依也无处靠，站也不是坐也不是。事不宜迟，大家七手八脚，清理出半截车厢，在空地上支起一顶童子军帐篷，下面铺上一层草席，十几个人挤在一起打瞌睡。运煤车要给其他列车让路，一路上走走停停，停停走走，犹如老牛拉破车。利用停车的机会，他们下车买些水和食物以充饥果腹，就这样苦熬苦等了一天两夜才到徐州。下车时，大家面面相觑，啼笑皆非——原来，两天没有洗脸，人人成了“煤黑子”。车站内外，看到这群黑面人精神抖擞，列队而行，边走边唱，还向好奇者解释急于北上，不得不坐煤车的缘由，围观者不禁发出一阵掌声与喝彩声。

在徐州的演出大获成功，受到当地军政部门及社会各界的热烈欢迎，却也引起津浦路国民党特别党部的注意，重演了国民党中宣部在浦口拉人的一幕。只是，这次更有诱惑力：专门拨出一节卧铺车厢，供他们沿津浦线任何地方去演出，经费由党部负责，每月还给每人发放薪金。但是，他们不为所动，又一次“逃离”国民党的拉拢，当夜便登上西行的列车，直奔西安而去。

不到黄河心不死

王莘一行抵达西安后，直奔西安宁波同乡会。安顿好住处后，大家兵分几路打探北上延安的路线。

关于这段历史，王莘曾在一篇回忆录中有如下记述——

1937 年 9 月下旬，我们宁波抗日流动宣传队到达西安，住在宁波同乡会。我们与七贤庄八路军办事处联系，要求到延安去学习，办事处介绍我们认识了冯文彬同志。他要求我们先到西安附近各县进行宣传演出。我们全队先出发到泾阳县城。在那里演出几场后，就到三原县城城隍庙戏台演出两场，观众有好几千人。10 月 19 日是鲁迅先生逝世一周年，我们在三原中学举办了鲁迅先生纪念活动。三原县的国民党县党部，怀疑我们是共产党派来的，打算扣留我们。为防不测，第二天清晨，就有一位同志把我们送到泾阳县云阳镇，那地方有一个八路军的伤兵医院，我们在镇上住了一夜，又把我们送到斗口农场。在那我们见到了冯文彬、胡乔木、张劲秋等同志，他们正在筹办青训班。不久，青训班在云阳镇成立，我们全体宁波抗战宣传队队员参加了青训班第一期学习。当时的学习生活非常艰苦，就在教室里铺了些稻草，学生们席地而坐。也没有什么学习用具，只给每人发了一个碗和一双筷子，一天两顿小米饭。课程有几门：政治课讲“统一战线”，由胡乔木担任；“游击战术”由老红军李东潮讲授，“群众运动”由朱少华讲授。我们每天都是天刚亮就起床，洗漱完毕就做早操、跑步，从早到晚都是集体活动，自由活动时间就教歌，我担任了好几个队的教歌员。虽然生活是艰苦的，功课是忙碌的，但精神是愉快的、新鲜的……结业后，宣传队大部分同学被送到延安抗大学习，青训班只留下我和吴伯辛两人，他做会计，我在救亡室工作，负责教唱救亡歌曲，筹备小图书馆……

应当说，一心投奔延安的王莘，结业后留在青训班，并非他之所愿，但又不能不服从。因为，草创时期的青训班，无疑缺乏他这样的人才——从上海南京路“九一八”大游行中的歌咏指挥，到宁波战时流动宣传队活跃大西北，他的组织和指挥才能得到了充分彰显。

在此期间，王莘在西安八路军办事处的安排下，与另一位进步青年一起，到西北军教唱抗日救亡歌曲，还给每人发了一身西北军军装。那位进步青年，便是后来创作了《在那遥远的地方》等民歌的“西北歌王”王洛宾。完成教歌任务后，王莘去了延安，王洛宾则去了兰州。

1938 年春天，青训班从云阳镇迁至西北方向的吴安堡。吴安堡原是个地主大庄园，庄园四面筑有砖砌的城墙，堡子里有七百所砖房，几栋楼房，一条贯穿东西的大街，建筑及布局相当考究。北面是一个柏树林子和地主家的祖坟。据说，1900 年八国联军入侵北京，慈禧太后仓皇西逃，曾在此处安身。迁址后不久，延安派抗日人民剧社到吴安堡青训班演出，成员包括杨醉乡、刘炽等，演出的儿童舞、工人舞、乌克兰舞都是从苏联学来的。之后，剧社吸收王莘等十几位青训班同志参加，进一步充实节目内容，计划到西安去一面演出，一面做抗日宣传，但演出遭到西安当局阻挠。7 月，青训班十八位同志再赴西安，与平津学生流亡演剧队合并，王莘任音乐队长。演剧队从西安出发，先后到咸阳、礼泉、乾县、永寿、彬县、旬邑演出，最后翻越六盘山，抵达兰州。在兰州，演出再度受阻。在兰州八路军办事处主任谢觉哉的安排下，剧团解散，一部分加入当地的雪花剧社，一部分被派到国民党军队中做统战工作。王莘等四人被派到甘肃省定西县国民党新编第一军邓宝珊的部队，给战士们上文化课，教唱歌曲，组织文娱活动。一个月后，他们的行踪被兰州国民党军部发现，邓宝珊部队的地下党闻讯掩护他们撤离定西，返回青训班。

经过这次挫折，王莘更加坚定了到延安去的决心。他的要求终于得到组织批准。

1938 年 10 月，青训班领导委派黄竹君为队长、王莘为副队长，率领二十多位青训班结业生身着便衣，背起行囊，从吴安堡出发，一路向北进军，直奔革命圣地延安。

队伍行进到耀县时，被国民党军队扣押到一个骡马店院内。此时，夜色已深，王莘趁哨兵不备，偷偷写了一封信，买通了一个喂马的小伙计，请他连夜把信件送到吴安堡青训班。

大家一夜未睡，凑在一起商量对策。大家判断，国民党兵扣押他们的目的，很可能是把他们送到西安。有人主张宁死不屈，有人主张软磨硬泡。最后形成一致意见：回西安第一天的路程，傍晚时可到三原，因大家对三原的地形比较熟悉，可以见机行事，四散逃跑。

第二天一早，骡马店里走进一个当官的，假惺惺地对大家说："同学们，听说你们要去延安，听老哥劝你们一句，你们都是文化人，应该去有文化的地方。西安是汉唐古都，经济发达，文化昌明，又有很多高等学府，你们到那才有发展前途嘛！延安是啥地方？一片黄土疙瘩，鸟不拉屎的穷山沟，你们去那做甚？咋样？如果你们愿意，我现在就派人护送你们到西安去！"

大家早已商量好对策，心里有底，脸上做出一副被他说服的样子。负责押送他们的共有两个当兵的，八个保安队员，每人身后都背着一杆步枪。当兵的让大家把行李集中起来，随即牵了两头骡子，把行李驮上，一队人马上了路。为了麻痹当兵的，大家假装很轻松，一直保持整齐队形，遇到路上小憩,故意打听西安有什么大学,学校待遇如何,等等。到三原时,天色昏沉,前方横亘着一条沟壑,正是逃脱好时机。说时迟,那时快,黄竹君与王莘相互使个眼色,大叫一声“跑!”大家一个个如矫兔般四散奔逃。十个荷枪实弹的大兵尚未反应过来,二十几个大活人早已无影无踪。他们追了一阵,放了几枪,不得不放弃。

按照事先的约定,大家四散逃跑后,在三原西北方向一个村庄集结,到天黑时,一点人数,一个不差。虽然行李被骡子驮走了,但人却脱离虎口,完整地回来了。此时虽然又累又饿,但大家归心似箭,连夜赶路,一天一夜步行九十千米,终于在次日上午回到吴安堡。见到青训班领导冯文彬,两个队长诚恳做了检讨,冯文彬却大笑道:“不用检讨了,你们做得不是很好吗,在抗日统一战线中,我们与国民党有合作,也有斗争。你们不但坚持斗争,方式也很灵活嘛!你们托人送来的信我也收到了,正在设法营救,你们就回来了。回来就是胜利,丢掉背包不算啥,让青训班再给你们每人发一套!”

王莘在青训班休整了一个月,11月底全体人员到西安八路军办事处集中。办事处给每个人发了崭新的灰布军装,佩戴八路军的臂章,成为一名光荣的八路军战士。现在,离他向往已久的革命圣地延安,只有一步之遥了!

第四章

黄河在咆哮

（1938—1939）

初次见到毛主席

1938年11月,二十岁的王莘历尽千难万险,终于随延安《新中华报》杨队长和四名战士一起,护送三辆拉着卷筒纸的大车抵达革命圣地延安。

啊,延安,延安,多少回魂牵梦萦的延安,真的就在眼前了吗?是的,他看到了枯水季节的延河,那夹杂着泥沙与冰凌的黄色水流,承袭着华夏母亲河基因与血统的水流,潺潺地从脚下淌过;沿着河流远远望去,则是此前曾在图片上见过的宝塔山。《新中华报》报社就坐落在延安城东北5千米的桥儿沟,这里离鲁迅艺术学院很近。与杨队长告别后,王莘独自一人来到鲁艺——一座建在山坡上的“窑洞大学”。

桥儿沟是一个小镇,背靠黄土高坡,面向蜿蜒东去的延河,一条土路从镇中穿过。鲁艺院门处,竖立着一块石匾,上面镌刻着毛主席亲笔题写的校名“延安鲁迅艺术学院”。进入院门,迎面矗立着一座巍峨的天主教堂,哥特式门窗,一对挺拔的尖塔,显得与周围的环境不甚协调。据说,这座教堂是20世纪初叶,由一位西班牙神父主持修建的,全部采用石头、砖块和水泥构筑而成。而今,它已被“洋为中用”,成为延安党中央召开重要会议的大礼堂。进入教堂,大厅的一排石柱上悬挂着马克思、恩格斯、列宁、斯大林、毛泽东、朱德和革命文豪高尔基、鲁迅等人的大幅画像;昔日神父带领信徒们进行祈祷的一个矩形台子，则成了鲁艺师生表演中外名剧的舞台。

令王莘意料之外的是，一进鲁艺校园，遇到的第一个人便是吕骥，他亲切地呼喊着王莘的原名："王辛耕，你也来延安了？"

"你好呀，吕骥同志，我改名字了，现在不叫王辛耕，叫王莘了！"

"为啥改名呀？"

"为了躲避当局的抓捕，我在一个叫莘庄的乡下隐居时改的。"

"原来如此。"

"一别多年，你啥时来的鲁艺呀？"

"我是去年来的，来了就开始鲁艺的筹备工作。今年 4 月 10 日，鲁艺正式创立，毛主席出席了成立大会并讲话，他对我们革命文艺工作是非常重视的！"

"太好了，我这次来就是为了报考鲁艺！"

"你来得正好，鲁艺第三期明年初开学，正赶趟。再告诉你个好消息：冼星海同志已到延安，要调到鲁艺来领导音乐系，你们也是老相识了，又可以在一起了！"

"好好好，我要好好跟他学习音乐创作！"

经过考试，王莘顺利成为鲁艺第三期音乐系学员。与他同班的还有时乐濛、李群、陈地、刘彩石、李莫愁、英准、卢肃等共二十五人，卢肃担任系代表。

从宁波来到延安，对王莘而言完全是换了一个天地，从地理环境、自然气候、风俗习惯到人际关系，都千差万别，又无比新鲜。最大反差是生活条件的艰苦：每天两顿小米饭加干萝卜条，每月津贴一块五毛钱，但青年学子们"团结、紧张、严肃、活泼"，充满朝气与活力，感觉每天都过得很愉快、很有意义。夏天，河水丰沛时，还可以站在河边的大岩石上练习跳水，在河中游泳。王莘便是在这个地方学会游泳的。最令青年学子们期待的，是当时延安南北大道上行人很多，很热闹，晚饭后经常可见中央首长在此散步，他们很愿意与青年学子们对话交流。不仅如此，青年学子们还经常有机会聆听中央首长的讲话或报告。

到延安后，王莘读过美国记者埃德加·斯诺的《红星照耀中国》(又译作《西行漫记》)，作者对毛主席等中央领导和延安革命根据地的描述，为我们提供了一个观察和思考中国革命的独特视角，颇具历史和文献价值。而他给毛主席拍摄的肖像照也非常质朴而富神采。王莘想，有机会一定要见见毛主席。

机会终于来了。1939年初，毛主席亲临鲁艺，为师生们做了一次演讲。毛主席穿一身打着补丁的灰色棉衣，宽阔的前额，标志性的发型，被黄土高原的太阳晒成古铜色的面颊，丝毫无损于他的领袖风范。世界上大概没有谁能像他这样，在如此恶劣的环境中领导一个国家的人民，与内外强敌进行毫不妥协的斗争了。他向师生们摆摆手，示意大家坐下。全场瞬间安静下来。“一出来就这么有气场！”王莘在心里赞叹道。毛主席讲起话来，一口浓重的湖南腔，大家却都能听得懂：“我们中国人哪，有一尺长胡子的老公公，有这么高的小娃娃，都晓得日本强盗来了，他们烧、杀、抢、掠，我们中国人硬是不答应。我们靠什么呢？我们就是要靠统一战线，不管穷的富的，老的少的，就要团结起来，把日本鬼子赶出中国！……”他不断提出问题，又不断解答问题，忽而慷慨激昂，忽而风趣幽默，始终掌控着演讲的节奏与全场的氛围。王莘开始顿悟，为何毛主席能在历次艰难险阻中力挽狂澜，砥柱中流，受到党和人民的拥护和爱戴，因为他始终代表着最广大群众的利益，坚信“人民，只有人民，才是推动历史前进的动力”。

冼星海的得意门生

这是 1939 年 2 月的一天，春寒料峭，但王莘的心中却涌起一股暖流，一种莫名的激动，因为，他期盼已久的冼星海就要来音乐系走马上任了。仍然是那高大的身材，那英俊的面庞，那浓密的黑发，只是眼窝有些凹陷，两颊有些消瘦——可以想见，从“一二·九”到七七事变，他一刻也未停止战斗，用他的歌声唤起民众，奋起反抗日寇的侵略。与此同时，他也积劳成疾，健康状况大不如前了。

久别重逢，冼星海关切地问起王莘的近况。王莘讲述了他从上海到宁波，又从宁波一路北上，最终到达延安所经历的“九九八十一难”，冼星海也竖起大拇指：“你真是不到黄河心不死呀！”

“到了延安，我才真正体会到，中国的未来和希望就在这里！”

“是的，这也是我来延安的动力！”

话题转到音乐，冼星海透露，他正在酝酿《生产大合唱》和《黄河大合唱》的创作，遇到一个困难，鲁艺的学生中，大部分是工农干部，懂五线谱的人太少了，简直是凤毛麟角。

“如果蒙您信任，我还算懂一点，可以帮您抄写歌谱。”

“好哇，你是什么时候学会的五线谱呀？”

“是很早以前，我在家乡荡口上小学时，我的音乐老师教的。”

“太好了，以后你就帮我抄写歌谱吧！”

在为冼星海抄写歌谱时，王莘渐渐了解了老师创作《黄河大合唱》的艰辛过程。

《黄河大合唱》是根据青年诗人光未然的长诗《黄河吟》创作的。冼星海与光未然是1936年在上海相识的。当时，冼星海在上海工学团指挥排练《五月的鲜花》，巧合的是，台下观看排练的青年中，就有《五月的鲜花》的作者光未然。二人相见恨晚，一拍即合，联手创作了《高尔基纪念歌》《拓荒歌》等合唱歌曲。不久前，光未然率领抗敌演剧三队到延安举办迎春活动，冼星海应邀出席。活动中，光未然为大家朗诵了他的新作《黄河吟》，将作者对中华民族母亲河的深情，演绎得淋漓尽致。冼星海霎时被震撼了：他曾随电影摄制小组拍摄过黄河，曾被它排山倒海、气势磅礴的强大力量征服过，他想，这不正是中华民族历经磨难不屈不挠的伟大精神的象征吗？光未然的朗诵刚刚结束，冼星海便快步上前，握住诗人的手说，你的诗写得真好，我要把它谱成一部史诗性合唱乐曲，曲名就叫《黄河大合唱》！

有了《黄河吟》，冼星海开始构思、采访和搜集民歌素材。而搜集民歌素材的任务，便落在王莘和陈强等人身上。陈强本来是鲁艺音乐系学生，冼星海在日记中，多次提到他与王莘、陈强等一起研究搜集陕北民歌素材，以将其糅合到《生产大合唱》《黄河大合唱》中去，增强作品的民族和民间色彩。后来，不知哪位多事之人，说陈强长得像地主，适合饰演反面角色，便将其调到戏剧系，于是陈强就变成了歌剧《白毛女》中的黄世仁；又由于他把恶霸地主演得太像，引起观众极大义愤，险些被一个战士用枪打死！总之王莘、陈强的名字经常出现在冼星海的日记中，说明两人确实是冼星海比较器重的学生。

抄谱也面临不少困难。由于国民党当局的经济封锁，延安物资奇缺，根本找不到五线谱纸，王莘就用笔和尺在白纸上打出五线格。然而，找一张白纸也不容易，一般都是：一张纸，先用铅笔写，再用钢笔写，最后一遍

1939年冼星海创作的《黄河大合唱》在延安首演，图为演出前鲁艺的学员们在山坡上练歌。指挥者为冼星海，箭头指处为王莘，他当时还演唱了“河边对口唱”中的王老七。

用毛笔写，一遍遍覆盖，用完还舍不得扔，拿它糊窗户。一支铅笔，削到最后，只剩个铅笔头，用手捏不住了，还舍不得扔。就是在这样艰苦的条件下，他帮老师抄写了《生产大合唱》《黄河大合唱》的音乐总谱。

经过充分的前期准备，冼星海进入激情四射、如痴如醉的创作状态。从3月26日到31日，他用六天六夜的时间，抱病完成了这部气势恢弘的中华民族音乐史诗。《黄河大合唱》分为《黄河船夫曲》《黄河颂》《黄河之水天上来》《黄水谣》《河边对口曲》《黄河怨》《保卫黄河》和《怒吼吧，黄河》八个乐章，演唱形式有混声合唱、男女生独唱、男声对唱、轮唱、配乐诗朗诵等七种不同演唱形式，热情讴歌了中华民族悠久的历史，展现了中国人民与日本侵略者的英勇斗争，勾画出一幅民族解放的壮丽画卷，产生了振聋发聩的强大艺术力量。

王莘曾在他的回忆录中，记述了《黄河大合唱》在延安彩排的情景：

到了三月底，他（冼星海）的《黄河大合唱》全部写出来了，以光未然为队长的第三演剧队在陕北公学大礼堂试演，我也去听了。第三演剧队共有三十多人，由鲁艺音乐系帮助伴奏。作品很有气势，很新鲜，但是因为人少，伴奏也太单薄，没能唱出黄河的伟大气势。但可以听出，光未然的词写得好，星海的曲子更好。两人进行了一次成功的尝试，把中国人民在抗日战争中的伟大气概表现出来了。这是星海同志到延安后一次伟大的音乐实践。紧接着，吕骥和沙可夫同志动员全体鲁艺师生共同演唱这部作品。全鲁艺一共一百五十多人，文、音、美、剧各系全部参加，提琴、二胡、三弦、笛子、军号、大鼓，等等一齐来，只是没有钢琴，没有大提琴，缺少深沉、浑厚的低音乐器。于是星海同志发动我们音乐系自己动手制作低音乐器，比如用煤油筒来做低音二胡，还到老百姓家里借用陕北老乡闹秧歌的大锣大钹……这样，一支几十人的中西合璧的乐队组成了。星海同志突破各种局限，克服各种困难，巧妙地互相搭配，创造了土洋结合而又富于民族色彩的伴奏音乐。这是一个重大创举，这在当时

1939 年延安鲁艺同学们合影，右一为冼星海，身旁蹲着戴眼镜者为王莘。

的延安，是最好的乐队了。

实际上，冼星海的“创举”不仅表现在音乐的配器上，在合唱方式上，他也做了大胆尝试。例如第七乐章《保卫黄河》：

风在吼，马在叫，
黄河在咆哮，
黄河在咆哮
……

采用的是齐唱、轮唱的形式，轮唱由四个声部组成，以显示革命浪潮风起云涌，一浪高过一浪。但“风在吼”唱到第三部时，与下一句“马在叫”发生了冲撞，怎么办？冼星海非常聪明地使用了衬词，在“风在吼”后加了个“楞格楞格楞格楞”，西洋咏叹调中，没有这么用的。但冼星海采用轮唱加衬词的方法解决了这一难题，达到了理想的效果。真乃神来之笔！

暴雨中,“黄河”在咆哮

《黄河大合唱》诞生在战争年代,其排练过程就是惊心动魄的。一天,冼星海正精神抖擞指挥《黄河大合唱》在鲁艺大操场排练时,空中忽然响起了警报声,冼星海见状,大喊一声:“立即隐蔽!”大家迅速而有序地散开,纷纷跑向山坡上的防空壕躲藏起来,有人还就近躲进了窑洞。须臾,空中传来敌机的轰鸣声和震耳欲聋的爆炸声。而在视线可及的宝塔山上,高射机枪、步枪一齐瞄准敌机,喷射出愤怒的火焰。冼星海更是怒不可遏,双眉紧蹙,青筋突起,迎着头顶上掠过的敌机,大声唱起:“风在吼,马在叫,黄河在咆哮,黄河在咆哮!”顿时,窑洞里,防空壕里,激昂的歌声连成一片,发出了对日军暴行的最强烈抗议!

1939年5月10日,《黄河大合唱》在延安大礼堂进行了正式演出。毛泽东、刘少奇等中央首长在观众席前排就座,上千名观众将大礼堂挤得水泄不通。在幕布后面,王莘和一百多名参加演出的鲁艺师生心情既激动又紧张。而作为主创和指挥的冼星海,则不断鼓励和安抚大家:“一定要放松、放松,要相信我们,一定会成功的!”其实,他又何尝不紧张呢?一部艺术品,对艺术家而言宛如自己的孩子,经历了“十月怀胎,一朝分娩”的阵痛,让它面世时内心总是五味杂陈的。尤其是,今天坐在它面前的,不是一般的看客,而是毛主席。毛主席本身就是个诗人,他那气吞山河、意境雄奇的诗词在延安军民中广为传诵。在这样一位具有诗人气质的领袖面前，他能不心怀忐忑、如履薄冰吗？

大幕徐徐拉开，身穿一身灰色军装的冼星海从舞台左侧走出，向全场观众深深鞠了一躬，台下掌声四起。随后，他转身面对合唱队和乐队，潇洒地举起手中的指挥棒，用力一挥，乐声响起，朗诵声响起，《黄河船夫曲》的激昂旋律，从一开始便如春潮和战鼓，荡起人们心灵与情感的风帆。这也进一步增强了表演者的信心。当演出进行到高潮的《怒吼吧，黄河》时，冼星海忽然转身，指挥台上台下一起引吭高歌。现场一下子就沸腾了，歌声、掌声、欢呼声响彻礼堂，令人感觉空气在震颤，情感在共鸣！

台下，毛主席站起来了，看得出，他很兴奋，脸上泛着红光，一边鼓掌，一边向台上的冼星海打招呼。

冼星海走下台来，毛主席连声说："作品写得好，很激动人心，很激动人心！"

冼星海不知是紧张还是激动，竟然连一句话也说不出来了。

"星海同志，延安的生活很艰苦，你有什么需要我们帮助的吗？"毛主席亲切地问道。

"谢谢毛主席，我在延安生活得很好，就是缺写总谱的五线纸。"冼星海回答道。

"好，我们帮助你解决。庆祝你伟大作品的诞生！"毛主席握着冼星海的手说。

"谢谢，谢谢！"冼星海觉得自己被握着的手有些颤抖。

1939年春夏之交，王莘听到一个消息：由于日本侵略军增兵华北，妄图以此为跳板，西渡黄河进攻党中央所在地陕北。在此形势下，党中央决定分出半个鲁艺，由沙可夫、吕骥带队，与陕北公学、延安工人学校、青年干部学校等组成华北联合大学，成仿吾担任校长，从延安开赴抗日前线，建立华北敌后战场，积极开展国防教育。王莘与鲁艺的师生们一样踊跃报名，要求到前方去，并获得组织上批准。

7月7日，华北联大正式成立，并在延安桥儿沟天主教堂西侧的广场上举行成立大会，毛泽东、周恩来、刘少奇、朱德、任弼时悉数出席，几千人密密麻麻挤坐在毛主席周围，屏声敛息地谛听着毛主席的每一句话。毛主席谈笑风生，边讲边走动，边做手势。他号召同学们“深入敌后，动员群众，坚持抗战到底！”他对华北联大的成立表示祝贺，对即将奔赴抗日前线的师生表示欢送。他诙谐地说：“《水浒传》上写了个鲁智深大闹五台山，现在是聂荣臻大闹五台山。这个地势很重要(最初的决定是到晋东南——作者注)，可以控制平津，日本鬼子害怕得很。今天你们要到前方去，我特地来欢送大家，希望你们到前方好好干！”接着他又引用《封神演义》中的典故：“当年姜子牙下昆仑山，元始天尊送他三件法宝：杏黄旗、四不像、打神鞭。现在我也送你们三件法宝，第一件是统一战线，第二件是武装斗争，第三件是党的领导。同志们，你们出发到前方去工作，要不怕困难，不怕麻烦，革命工作就是艰难而麻烦的工作。我们要打日本，打汉奸，又要同反共顽固派作斗争。你们看多麻烦呀！你们到前方去创建根据地，不但要争取民族的解放，而且要争取社会的解放！”

毛主席刚讲完话，就由刚刚组建的华北联大学生代表宣读了告别延安奔赴前线的决心书。同学们振臂高呼：“到敌人后方去！”“打倒日本帝国主义！”“中国共产党万岁！”“毛主席万岁！”

成立大会的最后一个节目，是冼星海指挥的《黄河大合唱》，这也是全体鲁艺师生最后一次集体亮相。王莘回忆，在这次演出中，第五乐章《河边对口曲》中的一段对唱，是由他和关鹤同表演的，他演“王老七”(之后，大家见面不叫他王莘，而称他“王老七”了)，所以印象特别深刻。

张老三，我问你，
你的家乡在哪里？
我的家，在山西，
过河还有三百里
……

这段对唱，生动道出了两个汉子在日寇暴行下妻离子散，家破人亡，相约一起从军抗日的故事。阶级仇，民族恨，共同的敌人，相似的经历，他们感同身受，演员与角色合而为一，自然演得真实可信，令人动容。

王莘和关鹤同刚刚唱罢《河边对口曲》，就听到广场西北方向响起隆隆雷声，一霎时，狂风推送黑云，闪电撕破云层，将豆粒大的雨点抽打在人们身上、脸上，只听“扑”的一声，广场上的汽灯被吹灭了。会场陷入一片黑暗之中，只有舞台两侧悬挂的几盏马灯，在大风中摇曳着，发出微弱的光亮，隐约可见冼星海挥臂指挥的身影。这时，奇迹发生了：黑暗中，大合唱的队伍纹丝不动，上万名观众纹丝不动，震撼人心的歌声还在继续：

“风在吼，马在叫，黄河在咆哮！黄河在咆哮！……”

虽然一场倾盆大雨不期而至，虽然每个人都浑身湿透，但大家依然精神抖擞地在冼星海指挥下引吭高歌，有如山呼海啸，一声接着一声，一浪高过一浪，震耳欲聋，直冲云霄。

当汽灯被重新点亮时，王莘惊异地看到：坐在观众席第一排的毛主席浑身湿透，雨水顺着帽檐滴落下来，仍纹丝不动，聚精会神，与大家一起在暴风雨中感受《黄河大合唱》所迸发出的巨大能量。这是人民的力量，正义的力量，任何敌人也不可战胜的力量！

王莘再一次被震惊了。上一次是在上海南京路上，他指挥的大合唱《救国军歌》，令手持枪械和棍棒的军警退避三舍；如今，一部《黄河大合唱》，竟塑造出中华民族百折不回的性格与魂魄。而这两部作品都出自冼星海笔下。他的体内怎么蕴藏着如此巨大的创作能量，他的头脑怎么能迸发出如此精妙的灵感，艺术家与时代竟有如此紧密的联系，艺术的魅力竟能如此惊天动地……这一切的一切，真的是太不可思议了！王莘不禁思如潮涌，感觉自己的眼眶有些湿润了。他瞥了一眼挥动着双臂，正处于极度亢奋状态中的冼星海，忽然产生了一种失落感：亲爱的星海老师，这可能是我们最后一次同台了，今朝一别，山高水远，烽火连天，不知何时才能重逢呀！

一支自动铅笔的故事

《黄河大合唱》演出的成功，尤其是毛主席的称赞，对冼星海而言无疑是个巨大鼓励。他感到自己六天六夜的创作心血，得到了最有价值的肯定与回馈。同时，他也深切感到，像《黄河大合唱》这样的大型音乐作品，更是每个朗诵者、歌唱者和演奏者协调一致的结果、一种集体智慧的结晶，特别是在物质条件匮乏情况下。所以，对即将开赴前线的鲁艺的部分师生们，他是心情复杂、难以割舍的。他与这些从五湖四海会聚而来的年轻人，已建立起深厚的革命情谊；此次离开延安，抗日前线环境险恶，随时面临生死考验，他们能否平安无恙，有朝一日再度聚首，一起续写更加辉煌的乐章？

临行前夜，冼星海在鲁艺的窑洞里，举办了一个小小的欢送会。会上，学生们对即将离开亲爱的老师依依不舍，纷纷要求老师谈谈自己走上音乐之路的经历，以及创作经验和体会。这是很自然的，因为半年多来，老师除了给大家讲课，便是进行音乐创作，从未披露过自己的身世。

“其实我与你们中的大多数一样，也出身在一个贫苦的家庭……”冼星海双眉微蹙，擦着一根火柴，点燃了叼在口中的烟斗，深深吸了一口，然后慢慢吐出。在缭绕的烟雾中，大家仿佛回到了1905年夏天，在澳门海边的一条小渔船上，一位母亲遥望着满天的星斗，温柔地对襁褓中的婴儿说:“孩子,你就叫星海吧!”星海的父亲是个贫苦的渔民,妈妈靠给人家当佣人维持生活。星海从小喜欢音乐,尤其爱唱家乡的民歌。1928年,他考上上海音乐专科学校,因与进步学生一起闹学潮而被开除。第二年,他通过在远洋轮船上当杂工的办法,到法国勤工俭学,师从著名提琴家奥别多菲尔和作曲家保罗·杜卡斯。为了按时缴纳学费,冼星海不得不到饭馆、理发店当杂役,到酒店给人拉琴;住的是冬天没有炉子又四面透风的楼顶,受尽生活的磨难和富人的白眼。这些不仅没有压倒他,反而进一步激起他的奋斗精神。当他听到祖国面临危亡时,毅然回国投入抗日救亡运动。

“同学们,你们是幸福的,可以到延安来,尽情发挥自己的创作才能。我相信,你们的前途是远大的!”冼星海拍拍每个人的肩膀,热情鼓励大家说。

之后,他从书桌里取出一本书和一支自动铅笔:“我在巴黎音乐学院时,写了一个交响乐作品《风》获了奖,奖品就是这两件东西。”

“这本书,是俄罗斯作曲家里姆斯基·科萨科夫的《配器学》,送给你,罗浪,希望你成为中国未来的配器大师。”“你们知道吗,科萨科夫是位半路出家的作曲家,他本来是个海军军官,很有音乐天赋。他根据阿拉伯神话《一千零一夜》创作的交响音乐作品《海洋与辛巴德的船》,将大海的景象表现得绘声绘色,精彩异常,成为世界音乐宝库中的上乘之作。他的配器学不同于德国的盖丘斯,很厉害也很通俗。我很崇拜他。”(后来,罗浪真的成了中国的配器大师,开国大典上的军乐团指挥是他,《国歌》《歌唱祖国》《颂歌》《欢迎曲》《欢送曲》等名曲,都是他配的。)

“这支自动铅笔送给你,王莘,我很喜欢它,我知道你也很喜欢它。我用它写出了《黄河大合唱》,我希望你也能用它写出激动人心的传世之作来。”

这是一支精致的铜头木杆自动铅笔,用手往下一按就自动出铅的那种。这在当时的延安绝对是稀罕物。王莘曾用它给老师抄写过《黄河大合唱》的总谱。万万没想到，老师会把这么珍贵的礼物送给他。他从老师手里接过铅笔，胸中涌起一股热浪，激动得不知说什么好，顿时眼圈就红了，心里说：“老师，我决不会辜负您的期望的！”

王莘回到阔别已久的延安

第五章

晋察冀之歌

（1940—1949）

到敌人后方去

"到敌人后方去，
把鬼子消灭净！
到敌人后方去，
把鬼子消灭净！
八路军打先锋，
游击队出奇兵，
昨天歼灭它一个连，
今天消灭它一个营。
打得敌人心胆寒，
打得日寇不安宁……"

1939 年夏，华北联合大学的两千多人，浩浩荡荡开赴华北敌后抗日战场。一路上，王莘与鲁艺音乐系的二十几位同学，背着背包、图书和干粮袋，排列整齐，昂首阔步地行进在黄土高原蜿蜒曲折的小路上，嘹亮雄浑的歌声此起彼伏。此时，王莘的心潮也难以平静。想起出征前，冼星海和延安的领导都来送行，恋恋不舍与大家挥手告别。在他眼中，那天的老师越发年轻帅气，浑身洋溢着青春的活力和战斗的激情。他一直跟随大家步行到延安东面的飞机场，走过桥儿沟的天主教堂，不断与每个学生攀谈着，叮嘱着。王莘下意识地用手抚摸着上衣口袋里，老师送他的那支珍贵的自动铅笔。那铅笔，给了他无限的温暖，也给了他无穷的动力和巨大的压力。但他不曾想到的是，这将是他与亲爱的老师相见的最后一面。（几年后，冼星海因长期劳累和营养不良，肺病日益严重，于 1945 年 10 月病逝于莫斯科，年仅四十岁。）

这无疑是又一次"长征"。队伍中，有一个人特别显眼，此人留着分头，鼻梁上架着一副黑色圆眼镜，五官清秀，文质彬彬，体格并不十分强健，身上背负的东西却比别人多。他就是班长王莘。与他走在一起的，还有卢肃、罗浪，这两位是与他其后的人生产生过诸多交集的同学。其中罗浪是广东人，身材比较矮小，于是，王莘便把他的背包要过来，一人背着两个背包。

陕北的天气说变就变。出发时天空还有太阳，走到半路，忽然降下瓢泼大雨，荒郊野外，无遮无挡，不多时，一行人便被浇成落汤鸡。好不容易走到一个村落，天色已暗，大家也到了"饥寒交迫"的境地，当夜睡在村里，次日又继续前行。由于阴雨绵绵，行程迟缓，队伍携带的粮食即将告罄，校长成仿吾便发动同学们从老乡家里买麦子，自己推磨将麦子磨成面粉。王莘与一个名叫陆友的同学搭伴，连推了四天磨。磨成面粉后，又不会做饭，只好做成麦糊糊充饥。出发时，因为没有装粮食的麻袋，便解开裤腰带，系好绑腿，把粮食装进裤腿里。这样一来，走在雨后泥泞湿滑的高原上，便更加举步维艰，足足用了一个星期时间，才走到几百里之外的延水关。

延水关，历来为陕西通往山西的黄河古渡口，是此次开赴华北抗日根据地的必经之路。但人算不如天算，就在这一年，黄河泛滥成灾，也让大家见识了大自然发怒时的样子。距延水关五里之外，人们就听到"轰隆隆"的声音，犹如闷雷一般，沉重而悠远，动地而惊天。待走近时，但见一丈多高的浊浪翻腾着呼啸着滚滚向前，浪花飞溅，水雾弥漫，犹如万马奔腾，锐不可当。那气势，比《黄河大合唱》中的黄河更磅礴，更壮观。第一次领略黄河真容的王苹看得目瞪口呆，心潮澎湃——能象征我们民族魂魄的力量，真是非黄河莫属啊！

在无法东渡黄河的情况下，指挥部请示中央后决定，放弃到晋东南开辟华北敌后战场的方案，从黄河上游穿过晋西北，直奔晋察冀边区。

于是，大队人马沿着黄河西岸弯曲泥泞的道路一路北上，经绥德、米脂到达黑峪口。雨停了，黄河水势稳定了，指挥部决定从此地渡河。过了黄河，便是晋西北抗日根据地兴县地界了。过兴县，涉汾河，行至太原以北靠近同浦路，便需通过敌人的封锁线——长达四十里的开阔地带。在一个伸手不见五指的黑夜，两千多人的队伍在359旅的掩护下进行了急行军。随着一声"跑步！"的口令，大队人马三人一组：两个男生中间夹一个女生，手挽手一路小跑。王苹与卢肃带领的女生名叫燕萍，途中实在跑不动了，两人就拖着她跑；遇到险情，便迅速卧倒在地，端枪瞄准敌人。幸好他们没有被发现，安全地突破了敌人的封锁线。天将破晓时，队伍爬上一座大山。这时，大家已精疲力竭，躺在山坡上动弹不得了。此时，大家都口干舌燥，寻到一处沟洼里的雨水，不顾卫生与斯文，一拥而上，痛饮一番。天亮时，大家面面相觑，仿佛互不认识了：两腮深陷，眼睛红肿，人都走了形。

休整半日后，联大全体集合，到山下晋察冀边区游击区开祝捷大会。会上，罗瑞卿参谋长兴奋地对大家说："同志们，我们今天冲破了敌人的封锁线，进入了晋察冀边区，我们胜利了！请大家好好洗个脸，整整衣服，我们要干干净净大摇大摆地进入晋察冀边区抗日根据地！……"话音未落，便听空中响起飞机引擎的轰鸣声，人们抬头一看，一架涂着膏药旗的日军飞机从山上掠过，接着，"嗵嗵嗵"扔了几颗炸弹，震得大家耳膜又痛又痒。幸好会场设在相对隐蔽的山沟里，没有造成人员的伤亡。一天后，大队人马从阳曲进入盂县，又从盂县进入晋察冀边区的腹地——河北省平山县。

平山，在王莘印象里，是一块充满民主、自由和战斗氛围的新天地。在这里，每个村庄的墙壁上都写有抗日救国的大标语；村口有手持红缨枪的儿童团站岗放哨；打麦场上，自卫队的男女民兵们英姿焕发地进行操练……他还曾与演出队的同志们登上冀晋边界的太行山，极目远眺，层峦叠嶂，丘陵起伏，平原广袤，祖国的河山何其壮美，更唤起了他的爱国情怀和创作欲望。是啊，就在这里，共产党领导的八路军和晋察冀一千二百万人民，正与日本侵略者进行着殊死搏斗。有多少动人的故事等待着我们去讲述，有多少英雄人物等待着我们去讴歌，这是每个艺术家的神圣历史使命啊！情绪亢奋中，他带头唱起了成仿吾作词、吕骥作曲的《华北联大校歌》：

跨过祖国的万水千山，
突破敌人一层层封锁线，
祖国的儿女们，联合起来，
到敌后方开展国防教育……

丁辛、晨耕、卢肃、火星、生茂、韩孟震等

晋察冀之歌

初到冀西抗日根据地，王莘与华北联大面临的最大问题是物质条件的极度匮乏。冀西地区，本来就山多地少，生产方式落后，加之日寇蹂躏与破坏，百姓的日子更是雪上加霜。当年，冀西大旱，庄稼地里，颗粒无收，百姓赖以生存的只有黑枣面和柳树叶。柳树叶怎么能吃？将树叶在水沟中浸泡数日，待苦涩味道去除，从水中捞出晾干以充菜蔬。唯一可称粮食的是玉米面糊糊，也不过清汤寡水而已。居住条件也是不堪入目。由于敌机轰炸，有些村庄几乎找不到一间完好的房子，只好在残垣断壁中烧火做饭。还有老乡索性就住在岩石间、山洞里。然而，人们的抗日热情却空前高涨。当他们得知华北联大是培养抗日干部的学校时，便从各方面帮助他们，支持他们的工作。师生们也帮老百姓识字、训练，教唱抗战歌曲。令王莘意想不到的是，百姓们是如此渴望唱歌，唱歌不仅是满足其抗战诉求的武器，也是他们仅有的娱乐手段。所以，王莘一方面雪中送炭，指导他们唱歌，一方面也激发起他自己歌曲创作的欲望。

当时的华北联大，实行的是半军事化管理，每到夜晚，总有学生们在驻地站岗放哨。王莘的“处女作”便是在站岗时创作的。一天晚上，他在阜平县花山村驻地，荷枪实弹站在村边一个小山头上，极目远眺，但见皎洁的月光照着白雪覆盖的山川原野，宁静而悠远；身后，是坚如磐石的华北抗日根据地，一种神圣的使命感油然而生，脑海中一下涌出一首歌的旋律：

晋察冀，晋察冀，
模范抗日的根据地，
这里高山起伏平原千里，
到处都是中国的好土地。
敌人占领了我们的铁路线和大城市，
广大的乡村都在咱手里……

王莘觉得歌词虽然略显粗浅，却反映了人民群众对根据地的热爱与信赖。他怀着惴惴不安的心情，请成仿吾校长指点，成校长看后笑道："这是你的处女作呀？写得不错嘛！我看可以登在咱们的学报上，让大家都来学唱学唱！"没几天，华北联大学报上就登载了这首歌，并在联大师生中广为传唱。之后，王莘又陆续写了《边区自卫队歌》《二军分区进行曲》《边区儿童团歌》等歌曲，大多是受群众抗战热情的感染，有感而发的。一次，他参加一个村庄的民主选举，看到从姑娘小伙儿到白胡子老头，齐聚在村公所一盏油灯下，热热闹闹地给几个候选人"过筛子"，看谁抗日积极，看谁办事公平。投票时，在每个候选人身后放一只碗，每个选民手拿一粒豆子，同意谁就往谁的碗里放一粒豆子。王莘和同事牧虹还是头一回见识这种选举，觉得既新鲜又有趣，便合作了一首《选村长》：

杨柳叶儿青，
杨柳叶儿长，
今年要选个好村长。
能吃苦能耐劳，
抗战勇敢又坚强。

不分男和女，
只要热心肠。
不选那些滑头鬼，
不选那些白脸黑心狼。

这首歌，由于表达了农民的心意，又采用了民谣风的曲调，好听也好学，于是很快在民间流传开来。

抗战期间，王莘的足迹踏遍了阜平、曲阳、易县等地，而在阜平居住时间最长。1940年，华北联大副校长江隆基曾调王莘到下堡村普及音乐教育，两人有过密切合作。在他的印象里，王莘工作起来像一团火，生活中又是个十分随和幽默的人。下堡村盛产花椒，王莘很喜欢吃用花椒当作料做的菜。而花椒味辛，食后舌尖产生麻涩感，尤其炒不熟时更会刺激嗓子。王莘偏偏爱吃半熟的花椒。有一次，他吃过晚饭教学生唱歌，唱着唱着，忽觉嗓子里有条小虫在蠕动，以致一时哑声。学生莫名其妙，他风趣地告诉大家："花椒味辛，我名字有辛，我嗓子也辛，三辛相侵，把我嗓子搞坏了，唱不出来了！"说着，端起茶缸喝了几口水，逗得大家哈哈大笑。

1942年，是抗日战争最残酷最艰难的阶段，晋察冀边区根据地缩小，财政困难，华北联大被迫缩编，文艺学院暂时撤销，学院的干部教员陆续奔赴新的工作岗位。王莘与剧本创作员玛金被派往边区铁血剧社。铁血剧社成立于1938年，成员都是土生土长的平山人，其中很多人到联大学习过，王莘是他们的音乐老师，彼此都很熟悉。王莘清楚地记得，1942年冬，铁血剧社到平定演出，途中山高路陡，崎岖难行。当时剧社只有一头骡子，负责驮运演出道具。行军过程中，社长王雪波带头帮助王莘背负行李。至山西境内，没有水井，只从一眼土窖找到一点蓄存的雨水，烧开后每人一小碗，大家让王莘先喝；几人共用一盆洗脸水，也让王莘先洗……单纯、质朴、真诚的同志关系，温暖着王莘和每个人的心。

作为铁血剧社音乐队队长，王莘为加强成员的音乐基础训练，规定每天要做几条音阶、音程练习。每天拂晓，山沟里，沙滩上，但见三三两两的年轻人，或吊嗓，或练声，或交流心得，学术研究气氛颇为浓郁，音乐创作和表演水平有了很大提高。

王莘坚定的理想信念，平易近人、任劳任怨的工作作风，得到大家一致认可。一年前，王莘经卢肃介绍成为中共预备党员，1943 年 7 月，铁血剧社支部大会一致通过他转为中共正式党员。

同年，铁血剧社更名为"晋察冀边区群众剧社"。

1942 年 5 月，毛主席《在延安文艺座谈会上的讲话》发表，翌年传达到晋察冀边区，此时已调到华北群众剧社的王莘，读后深受振奋和启发。在他看来，毛主席讲话的精髓，就是"为什么人"的问题和"怎样服务"的问题，而在根据地，服务对象就是工农兵及革命干部："他们识了字，就要看书、看报，不识字的，也要看戏、看画、唱歌、听音乐，他们就是我们文艺的接受者。"王莘想，我们这些年不就是这么做的吗？但毛主席将其科学化、系统化，上升到理论的高度了，从而为革命文艺工作指明了前进的方向。

就在这一时期，王莘从延安《解放日报》上，读到一篇介绍安波创作的秧歌剧《兄妹开荒》的文章，不由心中一动。《兄妹开荒》以陕北民间音乐为基础，有说有唱，载歌载舞，生动活泼，很能适应劳苦大众的欣赏口味，应当成为创作的一个方向。

于是，他便询问一位河北的同事："咱们这里有没有秧歌剧？"

"有是有，但我不会唱。"

"形式上与《兄妹开荒》相似吗？"

"乡土味差不多，但曲调比较简单，没有音乐伴奏，过门仅是打锣鼓。"

不久，实践机会来了。

这年初冬，华北群众剧社在平西深入生活，社长王雪波为了配合大生产运动，写了一个小歌剧，名为《纺棉花》，然后把剧本拿给王莘看，拟请他担任作曲。王莘心中暗喜：我刚想睡觉，就有人送枕头来了，真是不谋而合呀！他从王雪波手中取过剧本，回到房东老乡的热炕头上就琢磨起来。他大胆借鉴《兄妹开荒》的曲调，又糅入他熟悉的江苏民歌的风格，将“南腔”“北调”熔于一炉，总体上却未脱离民间小调之窠臼。一夜工夫，曲子就做好了。第二天一早，王莘兴冲冲地找到王雪波：“曲子做好了，让我唱给你听！”

一曲唱毕，王雪波竖起大拇指：“好听，也好唱！你真是快手啊！”

在配器上，王莘也是当仁不让，只用一把京胡、一把二胡、一把三弦、一支口琴，便将一场戏撑起来了。正式公演后，《纺棉花》以它风趣、新颖的艺术风格，赢得了观众喜爱，成了剧社的“重点保留剧目”。一时间，各地的小剧团纷纷前来学习取经，《纺棉花》风行了整个晋察冀边区。后来，这个戏又去延安演出，也受到好评。萧三赞赏它“采用一种活泼轻松的曲调，表现了晋察冀边区人民的生活”。

1943年秋，日寇出动七万兵力对晋察冀边区实行“铁壁合围”式大“扫荡”，来势汹汹，异常残暴。根据地人民在党的领导下开展游击战、地雷战，一面灵活机动地打击敌人，一面组织抢收秋粮。王莘配合斗争写出了歌曲《战斗生产》：

> 战斗生产，战斗生产！
> 晋察冀军民越打越勇敢。
> 生产啊拿锄头，战斗啊拿枪杆！
> 敌人来了就坚决地打，
> 一面战斗一面生产……
> 永远战斗在太行山！

当年秋天，群众剧社分成三个游击小组，采取机动灵活，化整为零的策略，深入平西的敌占区、游击区，开展政治宣传攻势。据画家秦征回忆，由群众剧社社长王雪波率领，王莘、封立三、顾品祥、张利民和他组成的“文艺武工队”，日行九十里，到房山抗日游击区“小龙门”村演出，其中顾品祥、王莘创作的独幕小话剧《苦肉计》，秦征与游击区谭区长表演的“拉洋片”，以生动活泼的舞台及视觉形象，揭露和嘲讽了日伪的战争罪行，以及法西斯必然灭亡的命运，不仅鼓舞了当地百姓的斗志，也让几位因太平洋战争爆发而滞留平、津的外国人大开眼界。在《苦肉计》开场前，演员早已化装完毕，只差两套日伪服装尚未到位。王雪波催促谭区长，谭区长却不慌不忙，以《三国演义》中，诸葛亮与鲁肃“草船借箭”的典故安抚众人。话音未落，只听谭区长一声“来喽，万事俱备，只欠东风喽！”只见两个伪军一个胳膊上搭着一件日本黄呢军大衣，一个披挂着鼓鼓囊囊的子弹袋来到现场，谭区长拍拍他们的肩膀：“今晚儿请哥俩来看文艺节目，顺便借二位军装一用，请更衣吧！”原来，这两个伪军均已“反水”，成了我们的“内线”，不仅送来衣服，也送来一批子弹。谭区长大笑道：“想当年孔明祭东风草船借箭，今天我们借东洋子弹回敬东洋鬼子，这就叫，以其人之道，还治其人之身！”

日军获悉八路军宣传队到“小龙门”演出的消息后，决定转天晚上到“小龙门”清剿抓人。潜伏在伪军内部的线人马上报告了谭区长。第二天黄昏，当一队日伪军从杜家庄出发，气势汹汹前往“小龙门”清剿时，当地民兵和王莘等剧社成员早已埋伏在山坡草丛中，当敌人走进伏击圈时，民兵拉响了地雷，当时便炸死一个伪军和一条大洋狗，日军见有埋伏，连忙丢盔卸甲，落荒而逃。

人民战争锻炼了人民，也教育了人民。他们身上所迸发的智慧和力量，令王莘深感现实生活是艺术家“取之不尽，用之不竭”的创作源泉。

王莘曾这样总结他抗战时期的创作：歌曲，和其他艺术形式一样，来自生活又丰富了生活；来自革命斗争生活，又鼓舞了人民的革命斗志。首先，它是用一种短小精悍的方式，使得诗词和音乐结合，迅速而又真实地反映出人民生活中的思想情感来。它形式短小又具丰富容量;简单易懂又意味深长;节奏单纯平易又富于变化;乐句通畅易学而又新鲜独特。这即是群众歌曲简练与丰富的对立统一。其次,歌曲虽是听觉艺术,却要具有鲜明的形象性,努力营造出一种特定的意境与氛围。最后,每首歌曲还要有其独特风格,包括一定的时代和民族特色,使之与众不同,令听众喜闻乐见。总之,“一首歌曲不管经过多少精雕细琢,如果没有真实的情感,就不能打动人心。而真情实感来自生活,对生活有了体察入微的感受,有了各种各样的激动,到了非唱不可的程度,经过酝酿,寻到恰当的表现形式,才能将生活中所感受到的情绪转化为音乐。只有在这种情况下才能合而为一,把人民群众内心的情感抒发出来。在这个时候,可以说作者在为人民歌唱,也可以说是自己在纵情高歌”。

1944 年夏,身为副社长的王莘和群众剧社团员共庆剧社成立 7 周年,后右一为王莘

1944年冬，王莘在晋察冀边区组织群众剧社排练。

山洞里的43天

1941年，抗日战争进入日趋残酷的相持阶段。8月14日，侵华日军华北方面军司令冈村宁次经过周密策划，下令开始他上任以来的第一次大"扫荡"——即"晋察冀边区肃正作战"，出动十万人的总兵力，号称"百万大战"，以示对八路军一年前发动"百团大战"的报复。在展开大规模进攻作战的同时，日军对我抗日根据地采取"蚕食"政策，通过挖沟、筑墙、修路、开河、建碉堡等野蛮手段，企图压缩根据地的规模，消灭八路军的有生力量。为保存抗日火种，领导机关下达了转移主力部队的命令。接到上级命令后，华北联大师生马上打点行装，准备出发。

就在这时，王莘却出了问题。早在接到转移命令之前，王莘便被检查出罹患了甲型肝炎，这使部队首长进退维谷：让他随部队走，可能传染他人；留下他，他又有生命危险。正犯愁时，音乐系党小组长卢肃（抗战歌曲《团结就是力量》的作者）站出来了："首长，让我留下照顾他吧！"

"不不，我已经连累大家了，怎么能让你跟我一起冒险？"王莘有些难为情地表示。

"你一个人留下，不是更危险吗？瞧你的样儿，文绉绉的，还戴个大眼镜，小日本一来就得把你抓走！"卢肃坚持道。

"好吧，就这么定了，卢肃同志留下来，一方面照顾王莘，一方面要保证自身安全,你们两个将来都要活着见我噢!听见了吗,这是命令!”首长拍拍两人的肩膀,爽朗大笑。

“是,请首长放心,一个也少不了!”卢肃像立了军令状,一脸严肃地给首长敬了个军礼。

王莘却一言不发,只觉得一股暖流纵贯了他的全身,眼眶也有点发酸。是啊,在一个人的生死存亡之际,还有什么东西能比战友情、阶级情更珍贵、更真实、更令人没齿难忘呢?

第二天,大部队转移前,卢肃找炊事班讨要了两盒火柴、一个钢盔。王莘有点纳闷:你也不吸烟,要火柴做啥用?后来方知,在极端环境和挑战生命极限的日子里,一根火柴,可能就是救命稻草啊!现在,他对留在自己身边的这个人,有些刮目相看了。

“咱们现在怎么办?老乡的房子肯定不能住了。”此时,王莘已经把卢肃当成了主心骨。

“这样,你老老实实待在屋子里,我马上去找住处,找到后回来接你!”

且说这卢肃来自苏北农村,生活能力很强,又有几分机灵劲,尤其对冀西山区的地形地貌了如指掌。黄昏时分,他回来了,拉着王莘的衣襟道:“带上你的背包,马上跟我走吧,我给咱俩找了个又安全又舒服的地方!”

出了村子,两人一前一后上了山。爬了一道山,过了一道梁。又爬了一道山,过了一道梁。月亮已经升起来了,还没到两人的“新家”。

“我们这是去哪儿呀?回延安吗?”

“别开玩笑,马上就到了。你不知道吗,越是远离村落、远离公路的地方,也就越安全呀!”

终于,在大山深处的一个山洞前,卢肃停住了脚步:“嘿,伙计,到家了!”

山洞里黑黝黝的,除了洞口投入一些月光外,里面简直伸手不见五指。卢肃却不慌不忙,从书包里取出一盏油灯,又从衣袋里摸出一盒火柴,"嚓"地擦着了火,点亮了油灯,他一手举着油灯,一边猫腰向山洞深处走去。这山洞,曲里拐弯的,又深又长,真是个藏身的绝好去处!"参观"完,两人在山洞里挑选了一块比较平坦的地面,各自把背包里的被褥打开、铺上,然后相互对视了一眼:"可以熄灯,上炕睡觉了!"两人说笑着,开始了"穴居野人"的生活。

真是个漫漫长夜啊,王莘躺在阴森森硬邦邦的山洞里,昏昏沉沉,迷迷糊糊,睡了又醒,醒了又睡,直到一束暖红的阳光射进山洞,才感到了一丝暖意。啊,终于天亮了。他伸伸懒腰,打了个哈欠,又揉揉惺忪的睡眼,才发现身边的卢肃不见了。

不大一会儿,卢肃背着一捆干草和柴火进来了:"睡醒了?夜里听你翻来覆去的,肯定是不适应山洞里的生活!来,把褥子掀起来,下面铺点干草,松软又隔潮,也许能睡得舒服一点!"

铺完草垫,两人又从洞外捡了几块石头,搭成一个炉架,把钢盔当锅放在炉架上,点燃了锅底的树枝,做了一小锅玉米糊糊。这便是他们在山洞里的第一顿早饭了。但他们很快发现,做饭的炊烟一旦飘散到洞外,很可能会被敌人的侦察机发现,有暴露目标的风险。这样一来,逼得他们不得不白天饿肚子,晚上再生火做饭了,即使是这样饥一顿饱一顿的日子,也没过多久——因为,他们出发时携带的米袋子,已经越来越瘪,马上就要断粮了。

怎么办?两人都穿着八路军的军装,白天无法外出觅食,只能等到夜深人静时,偷偷摸下山去,到地里摘些尚未成熟的玉米、地瓜和野果充饥果腹。

艰苦的山洞生活,使两人成为无话不谈、心心相印的挚友。

"你还记得吗?我们在延安第一次见面时,我问你从哪里来的,你说从上海来;当我说我是苏北人时,我从你眼中看到了一丝不屑……"

"没有呀,你肯定误会了,我是从上海来,可我出身是荡口一个贫苦的农民家庭，父亲给我取名‘辛耕’，就是辛勤耕耘的意思呀！”

“是呢，我原以为你是个上海小开，看不起我们苏北人，其实你也是个农民嘛！”

“你是党小组长，我想问你，为什么我写了好几次入党申请书，到现在还没通过呢？”

“既然你提到这个问题，我也不瞒你。我一直觉得你身上多少有点小资意识……不过，通过这段时间的接触，我感觉你还是很有理想和信念的，立场坚定，也能吃苦耐劳。下次再讨论你的入党问题，我会举双手赞成的！”

艰苦的山洞生活，还创造了一个奇迹：王莘的病情一天天好转了，而且传染性很强的甲肝居然没有传染给卢肃！

虽然度日如年，日子还是一天天挺过去了。他们在这个几乎与世隔绝的山洞里，天天怀念战友和同志，也没有得到一点日寇在根据地大“扫荡”的消息。一天，卢肃实在憋不住了，便独自一个下山，到村里一个“堡垒户”探听虚实。“堡垒户”告诉他：鬼子在根据地烧杀抢掠一个月，大队人马已经撤离，只留下一个小队维持治安。卢肃请他帮助联系组织，一旦联系上，马上上山通知他。几天后，他果真得到了组织回信，与王莘一起顺利归队。

1942年，经卢肃介绍，王莘光荣地加入了中国共产党。

掐指一算，他们在山洞里整整坚持了43天！

与“当代花木兰”的罗曼史

春天来了，万物复苏的时节到了，身体已经康复的王莘，迎来了新的战火中的青春，也迎来他的初恋。

关于初恋，他记得屠格涅夫有过这样一段表述：“初恋，那是一场革命：单调、正规的生活方式刹那间被摧毁和破坏了；青春站在街垒上，它那辉煌的旗帜在高高飘扬，不论前面等待着它的是什么——死亡还是新的生活——它向一切都致以热烈的敬意。”他虽然没有把初恋看得这么富于诗意，但当爱情真的到来时，还是为他的生命谱写了一段辉煌的乐章。

那是在华北联大的音乐课上，新来了一个女生，山西人，年龄只有十七八岁，高个，圆脸，脑后梳着两条小辫，长得并不漂亮，名字也很平常：王惠芬。当她近距离与老师问好、打招呼的一瞬间，王莘产生了一种触电的感觉。虽然在他身边，女孩子并不罕见，但产生这样的感觉，还是第一次。事后，他曾在内心拷问自己：这就是所谓“一见钟情”吗？如果真的是我动心了，她会感应到吗？毕竟，爱情不是一厢情愿的事啊！这天晚上，他失眠了。而年少单纯的王惠芬，显然并未感受到他的爱意——在她眼中，他是一个富有才华的音乐老师，他们之间，只是一般师生关系。

不久，华北联大缩编，两人各奔东西，直到1944年底，王惠芬调入华北群众剧社,两人才有了更多接近机会。王莘发现自己心目中的恋人走路时步子迈得挺大,有时嘴里还哼着歌(有的歌还是他作的),一副雄赳赳的样子,颇有些女兵的气概。接触时间长了,王莘才得知,她 12 岁就当了兵,而且是女扮男装!她从小性格泼辣,像个野小子,跳墙、爬树,啥都敢干,最崇拜英雄。有一年,贺龙的 129 师从她们村里经过,要招收新兵,她回屋里抄起一把剪刀,“咔嚓咔嚓”就把头发铰了,打扮成男生报名参了军!

“古有花木兰替父从军,你是为啥呀?”王莘好奇地问。

“这还用问?打鬼子呗!”

“你父母同意吗?”

“我爹是个老中医,曾在八路军的野战医院里,与白求恩大夫共过事,他能反对吗?我妈不愿意,因为我是家里的独生女。我是偷着跑出来的。”

“关键是,你一个女孩子,在男人堆里怎么生活呀?不说行军打仗,就是休息、宿营、去茅房,都是问题呀,能掩藏得住吗?”

“谁说不是呢,去了没几天就露馅儿了:原来你是个女的!一下炸营了。打算把我送回去,又怕路上遇到鬼子汉奸,太不安全,所以就让我到炊事班帮厨去了。炊事班长看我年纪太小,脏活重活都不让我干。有一次行军,遇到敌机轰炸,老班长一下把我扑倒,压在他身子底下。我被救出时,浑身是血,大家都以为我死了,其实是老班长的血溅到了我身上。老班长用他的命换来我的命,我一辈子都感念他……”

女孩说着说着就控制不住自己情绪了,晶莹的泪珠顺着脸颊滚落下来。

王莘显然也被感动了,一时说不出话来。他本想掏出手绢,给女孩擦擦脸,却始终未能鼓起勇气。

王惠芬富有传奇色彩的身世,无疑加深了王莘对她的情感。而王惠芬似乎并未与对方产生心灵的共振,她对王莘有好感,但更多的是尊敬和仰慕，并未往爱情方面想。

不久，组织上获悉了王莘对王惠芬的暗恋，便主动出面做女方的工作。王惠芬说，我也觉得他挺好的，只是觉得，他一个洋学生，戴个大眼镜，满口英文，又会作曲，真能看上我一个农村丫头吗？还有，将来打败日本鬼子，和平了，他是回上海呢，还是跟我回山西老家？他肯去山西吗？

王莘未及明确表态，上天就送来一个机会。这年冬天，王惠芬第一次来月经，因年少无知，内心既惶恐又羞涩，便偷偷到河边用冷水清洗。当夜，肚子疼痛难忍，被紧急送到边区医院救治。于是，组织上便安排王莘以剧社副社长的身份，到医院看望。两人一见面，王莘便有些拘束地从背包里掏出几包卫生纸："我今天代表组织来慰问你，这是送你的'麻刀纸'，以后来了月经用它，别再鲁莽从事了。毕竟，身体是革命的本钱呀！你年纪还小，有不懂的事可以问问剧社的大姐姐们，她们的生活经验比你多，可以给你答疑解惑、提供帮助嘛！"王惠芬脸红了，尴尬地笑笑，低头无语。为打破僵局，王莘提议到户外溜达溜达。王惠芬表示同意，两人便走出房间，沿着一条小路向山坡上走去。山坡上，有一片小树林，叶子早已落光，只剩枝枝杈杈弯弯曲曲地伸向天空，颇似解放区木刻中表现的山村景色。走着走着，王莘忽然问道："你最喜欢哪首歌？"王惠芬不假思索地回答："《喀秋莎》。"王莘会意一笑，随即从衣袋里掏出一只口琴，找到一块青石板坐下："那好，我就给你吹支《喀秋莎》吧！"

随着《喀秋莎》的优美旋律，王惠芬不由自主地轻轻哼唱起来：

正当梨花开遍了天涯，
河上飘着柔曼的轻纱。
喀秋莎站在峻峭的岸上，
歌声好像明媚的春光。
姑娘唱着美妙的歌曲，
她在歌唱草原的雄鹰。

她在歌唱心爱的人儿，
她还藏着爱人的书信……

唱到这里，歌声戛然而止。王莘知道她不好意思了，也不勉强，继续吹奏。一曲奏罢，王莘请王惠芬伸出右手，然后将口琴放到她掌心上：“这只口琴是我最心爱的伙伴，是我从上海带到延安，又从延安带到这里，现在，我把它送给你了！”

王惠芬知道，这就是两人的定情物了。

爱神丘比特之箭终于射中一对有情人。

此后，两人的恋情渐渐公开了。一次，王惠芬要过河去看望一个老乡，王莘把她送到河边，并相约在河边等她回来。不料王惠芬与老乡见面后，对方非要留她吃晚饭。吃完晚饭，王惠芬心急火燎地赶回来，过了河，却不见王莘的踪影。王惠芬心想，莫非让他等的时间太长，他不耐烦，一个人先走了？此时，天色已晚，望着眼前黑咕隆咚的小树林，王惠芬有些害怕了。她从树上折下一根树枝当作武器，一边用手挥动树枝，一边大声唱歌为自己壮胆。正在这时，只听“咕咚”一声，一个身影从附近一个柴垛上跳下来，定睛一看，却是王莘！原来，王莘久等不到，竟在柴垛上睡着了。王惠芬又惊又喜，忘情地扑到他怀里，王莘也忘情地亲吻了她。这是他的初吻，甜蜜的来之不易的初吻。

两人明确关系以后，组织上欲安排他们举办婚礼，王惠芬却摇头说：“结婚可以，但我有三个条件：一、抗日战争不取得彻底胜利不结婚；二、一旦结婚就要白头偕老，绝不变心；三、结婚后定居在北方。”王莘对王惠芬的“约法三章”表示高度认同，只是婚后定居何处，要听从组织安排。

1945 年 8 月 15 日，王莘从队部开会回来，王惠芬正与几位女同胞在炕头上纺线，王莘跑到她面前，一把将她抱起，在原地转了好几圈，兴奋地大声喊道：“告诉你们一个好消息：日本天皇今天宣布投降了，我们胜利了，我俩可以结婚了！”王惠芬后来回忆说，这是王莘唯一一次“失态”

1945年抗战胜利后，王莘与王惠芬合影（结婚照）

——竟敢在大庭广众之下对她有如此亲昵的举动。

1946年农历正月十四，王莘从群众剧社驻地宣化赶到下花园发电厂，当时王惠芬已在工厂深入生活。一见面，王惠芬感到很突然："你怎么来了，提前也不打个招呼？""剧社新排了一出戏，明天晚上演出，是演的一夫一妻制，女主演病了，领导让你去救场。"两人赶到下花园火车站，当天只有一列火车头开往宣化。上了火车头，王惠芬才知，王莘是接她回去成婚的。很多年以后，王惠芬还不忘对儿女们炫耀说："你们结婚坐花车，知道我结婚坐什么吗？我是坐火车头'突突突'开到婚礼现场的！"一脸的得意。

第二天，在宣化群众剧社驻地电业局会议室里，举行了一个既简朴又隆重的小型集体婚礼，王莘和秦征、曹火星一起，走进了婚姻的"殿堂"。说起三位新郎的关系，还真有些渊源。王莘在华北联大任教时，秦征、曹火星是他的学生；华北剧社成立后，王莘又与秦征、曹火星成了同一个战壕的战友。当年秦、曹皆为小青年，日后的成就却令人刮目相看：曹火星作词作曲的《没有共产党就没有新中国》，由于真实反映了时代心声，很快唱响根据地，唱响全国，成为一支经久不衰的红色经典歌曲。而秦征，不仅是描绘根据地人民在日寇"扫荡"后失去家园的油画《家》的作者，更是享誉中外的天津站大型穹顶画《精卫填海》的主创。1987年，他率领天津美院五名高材生，共同绘制了这幅表现中华民族移山填海精神的油画。画面充满瑰丽奇异的想象，人与神、虚与实，写实与浪漫，实现了完美的统一……战争，摧毁了美，也造就了美。这真是一个“凤凰涅槃”的历程啊……

仪式由群众剧社社长王雪波主持。一不拜天地，二不拜高堂，三对新人对拜后，剧社成员们自是“八仙过海，各显其能”，吹拉弹唱，朗诵诗歌，向三对新人献上诚挚祝福。会议室内，始终洋溢着欢乐喜庆的氛围。联欢过后，三对新人分别入了“洞房”。所谓“洞房”，其实就是电业局宿舍的三间日式小屋，连张像样的床铺也没有。

就这样，他们度过了美好的新婚之夜。

两块山芋欠下的人情债

1946年12月，王莘夫妇迎来了爱情的结晶——他们的大儿子大山。然而，新生儿的诞生，却经历了一场生死磨难。

原来，王惠芬即将分娩时，由于胎位不正，怎么也生不下来。产妇疼痛难忍，大声哭叫。眼看接生婆束手无策，王莘急忙请人唤来卫生队医生，烧好开水，铺上干净床单，为产妇打了催产针。王莘从背后抱住妻子的腰，鼓励她："不要怕，医生来了，她帮你接生，我在后面顶着。"费了九牛二虎之力，孩子终于生出来了。人们上前一看，孩子的头是细长的，也不会哭，以为是个死胎。王莘却不甘心，他一手抓着孩子的小脚，一手拍打孩子的屁股，边打边说："儿子，你不能死！"拍了一会儿，忽听"哇"的一声，孩子哭出声来，悬在大家心里的一块石头才落了地。王莘又将孩子抱在怀里，轻轻揉搓起他的细长脑袋，揉了一会儿，就感觉孩子的脑袋慢慢变圆了。"被王莘打活的孩子""揉圆的脑袋"，在剧社内外，一时传为佳话。

1948年，王惠芬怀上二胎时，同样吃尽苦头。当时，王莘一家三口借宿在曲阳老乡家里。一次演出归来，王惠芬想吃点酸的，发现老乡家里有棵酸枣树，刚刚结了果子，便悄悄揪了几个，坐在炕上吃得正香，王莘从外面回来，问："吃什么呢？""酸枣。""哪来的？""院里的树上揪的。""咱

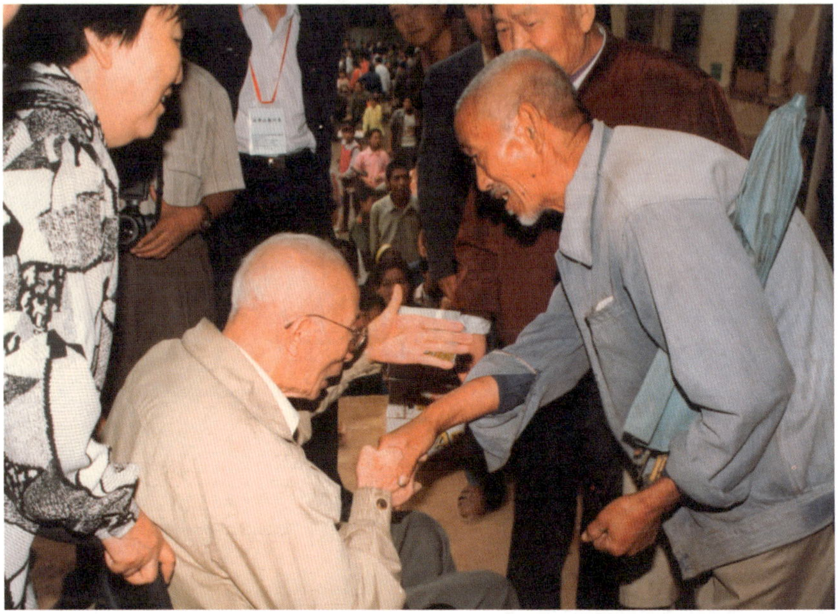

半个世纪后与革命老区平山县的老房东会面

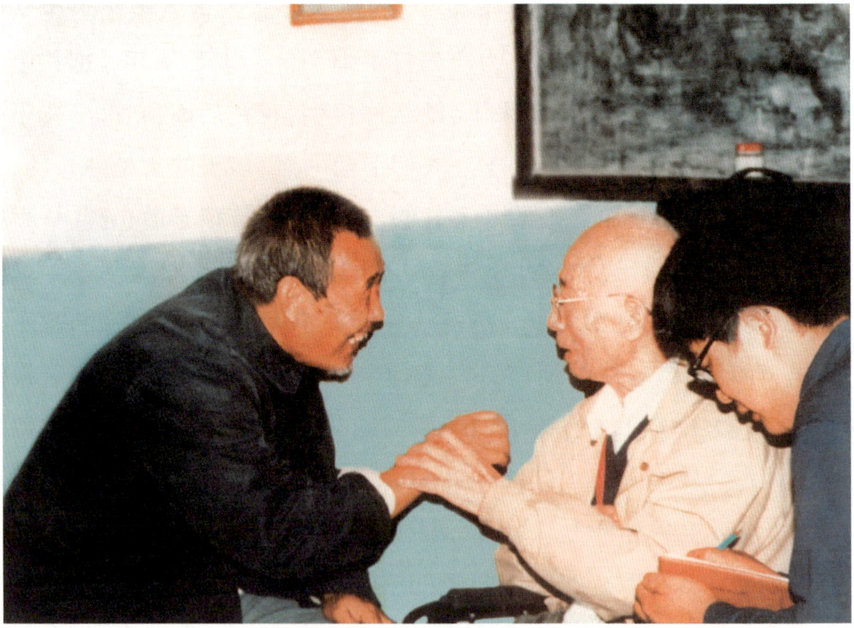

与曲阳县老房东亲切交谈，当得知其女儿考上北京师范大学而无钱报到时，当场捐助了四年的学费8000元。

们是共产党，怎么能随便吃老百姓的东西呢？”话虽这么说，做丈夫的确实也心疼啊！想起在冀西山区，他曾吃过在河里沤过的柳树叶，又苦又涩，难以下咽。可现在不同了，妻子身体怀六甲，正是需要补充营养的时候，而根据地的条件又如此恶劣，令他深感愧疚却又无奈。所以，点到为止，纪律不能违反，人情也不能不要，绝不能在此时，伤了妻子的心。

老乡的院子里挖了一口地窖，里面贮藏着山芋。为防雨淋，洞口盖着一口大铁锅。这天夜里，怀孕的妻子躺在炕上，翻来覆去，辗转反侧，痛苦得无法入眠。

“你怎么了，媳妇？”王莘温情地摇晃着妻子臂膀，关心地问道。

“我胃里太难受了，一股股酸水往上冒……”

“你等等，我去给你找点胃药！”

“不用，我就想吃块山芋……”

王莘知道，山芋就在房东的地窖里，找老乡索要两块是没有问题的，他们与房东关系一向处得很好。但现在，夜深人静，房东一家早已睡下，怎好打扰人家？不打扰，就得自己去取。怎么办？怎么办？令王莘颇费思量，左右为难。最后，心疼妻子的情愫压倒一切，王莘终于横下一条心，搀扶妻子从炕上坐起，又叫醒三岁的儿子大山，夫妻俩各自将绑腿解开，接在一起当绳子，系在大山腰上，然后蹑手蹑脚走到院子里，把地窖口的大铁锅挪开，小声嘱咐道：“大山，下去拿块山芋给妈妈，拿到了就拉一下绳子，我们再把你拽上来。明白吗？”孩子点点头，夫妻俩便松松绳子，把大山放下去。

夫妻俩在地窖口候着，看到绳子动了一下，便合力将他拽上来。快到洞口时，却发现儿子手里攥着一个胡萝卜大小的山芋，王莘小声说：“下去，换个大点的！”又把孩子放下去。第二次上来时，孩子又一手攥着一个小山芋。王莘说：“我不让你换俩大点的吗？”儿子磕磕巴巴，连说带比划，王莘明白了：他是拿了两个大的，夹在胳肢窝里了，往上拉绳子时，他胳膊一松，山芋就掉下去了！王惠芬说：“行行，就这两个吧！”

与此同时，房东家的老两口，正在窗口向外张望着。院子里月光如水，院内发生的情况看得一清二楚。原来，王莘他们挪动大铁锅的声响，惊醒了房东："坏了，来小偷了！"老两口一骨碌爬起来，扒到窗前一探究竟。

当看清院里"偷"山芋的是王莘一家时，老两口顿时松了一口气。老太太拉拉老头的背心，用手指指对面的屋子，轻声道："别出声，对面屋里的女人怀孕了，害口，你一出声，他们就不敢拿了！"

王惠芬手捧着儿子从窖里取出的两块山芋，如获至宝，用水洗洗，狼吞虎咽地下了肚……

两块山芋欠下的人情债，王莘一直铭记在心，并在几十年后找到了偿还机会。

1948年，中国人民解放军以摧枯拉朽之势，通过辽沈、淮海、平津三大战役，打垮了国民党反动派的统治，迎来了中华人民共和国的曙光。1948年12月，根据中共中央华北局的指示，群众剧社立即从平山启程，前往石家庄待命，随时准备进军平津。

王莘曾在回忆录中讲到进城后的情景：

> 1949年1月16日，我在天津解放的第二天进了城。率领着华北群众剧社全体成员，展开了轰轰烈烈的欢庆活动。同志们打着腰鼓扭着秧歌甩着红绸走遍了天津的大街小巷，我们的歌声唱遍了大中学校和工矿企业，受到了天津人民的热烈欢迎。

从此，天津，这座北方工商业重镇、首都北京的门户，便成了王莘的第二故乡。他在这里生活和工作了将近六十个春秋。

第六章

《歌唱祖国》诞生记

（1949—1951）

开国大典上的畅想

1949 年 10 月 1 日下午，北京，天安门广场。王莘手持中央政务院颁发的“开国大典”出席证，登上天安门城楼东侧的观礼台，亲历共和国诞生的辉煌历史时刻。远眺天安门城楼，八盏大红宫灯、八面五星红旗分列两旁，城墙正中，悬挂着毛主席头戴八角帽的巨幅画像。天安门广场上，早已汇成一片红旗的海洋，欢乐的海洋。身穿背带裤的首都工人、头系白羊肚手巾的陕北农民，戴着眼镜的知识分子和学生，头戴解放帽身穿列宁服的妇女，个个精神振奋，意气风发，人人脸上挂满质朴而发自内心的微笑。

1949 年夏，王莘摄于天津

下午三点，毛主席和中央首长登上了天安门城楼，一霎时，全场掌声雷动，一片沸腾，口号声和欢呼声此起彼伏，一浪高过一浪。站在观礼台上的王莘和所有观礼者，几乎同时转过身去，将目光的焦点锁定在天安门城楼上的毛主席。毛主席身穿一件熨烫平整的中山装，满面笑容，神采奕奕地向全场数十万群众挥手致意。他那高大的身材、宽阔的前额、饱满的面颊，具有很强的辨识度，因此，尽管离得很远，仍能一眼被认出。站在他旁边的人很多，显得有些拥挤，但王莘还是看到了周恩来、刘少奇、宋庆龄和几位军队老帅。中央领导和各民主党派代表全部到位后，林伯渠秘书长请毛主席讲话。毛主席用他那高亢的湖南口音向全世界庄严宣布："中华人民共和国中央人民政府今天成立了！"随后，他按动电钮，第一面五星红旗冉冉升起在广场中央，54门礼炮齐发28响，象征着中国人民在中国共产党领导下，经过28年艰苦卓绝的斗争，终于推倒了压在他们身上的三座大山，成为国家的主人。与此同时，几天前刚刚在全国政协会议上通过的国歌——《义勇军进行曲》，也第一次在天安门广场上奏响。

这时，王莘的目光转向正在广场上指挥国歌演奏的罗浪。那是一个他十分熟悉的身影——他们曾一起在延安鲁艺学习，一起开赴晋察冀边

1954年王莘与夫人王惠芬在天安门前合影

区；他们同为冼星海的学生，同时接受过老师的馈赠，他得到的是一支自动铅笔，罗浪得到的是一本俄罗斯作曲家的《配器学》。老师希望罗浪成为中国的配器大师。他做到了。他不仅是演奏国歌的第一人，还曾为《东方红》《三大纪律八项注意》《解放军进行曲》《分列式进行曲》等经典乐曲配器、改编和指挥（两年后，他担任了中国人民解放军军乐团团长和总指挥，堪称中国军乐事业的奠基人）。还有被称为“军歌之父”的朝鲜族作曲家郑律成，也是冼星海的高足，他的《中国人民解放军军歌》是开国大典阅兵式上演奏频率最高的乐曲。想到这儿，王莘的眼睛有些湿润了。他想，如果星海老师能活到今天，看到他为之奋斗的中华人民共和国的开国盛典，看到他的得意弟子指挥《国歌》的首次演奏，该有多么激动和欣慰啊！

在朱总司令宣布阅兵式开始后，海军、步兵、战车师、骑兵师威武雄壮地依次通过天安门广场，接受党和人民的检阅。当年轻的人民空军战机通过天安门广场上空时，王莘看到所有人——从天安门城楼上的毛主席，到广场上的三十万群众，都仰望天空，欣喜自豪之情写在每个人脸

20 世纪 90 年代与罗浪在京参加会议

上，庆典气氛也达到高潮。

临近黄昏，盛大的群众游行开始了。欢天喜地的首都各界群众，高举着红旗，手擎灯笼、火把，一面浩荡前行，一面高呼着口号："中华人民共和国万岁！""中国共产党万岁！""毛主席万岁！"看着眼前旗海飘扬、红灯闪烁、火焰熊熊，在渐浓的夜色中形成一道美丽的风景线。忽然，他发现了天津群众剧社的秧歌队，男女队员们挥舞着手中的红绸，扭动着腰肢，兴高彩烈地走过来了，其中，便有他的妻子王惠芬。王莘的心陶醉了。他多想加入到游行队伍当中，与他们同歌共舞，普天同庆啊！对了，如果大家同唱一首歌通过天安门广场，用歌声表达他们的情感、他们的意志、他们的欢乐和憧憬，该有多好啊！他畅想着，构思着，不由自主地打着拍子，寻找着合适的曲风与旋律……

晚上，在返回天津的列车上王莘向妻子透露了他的想法：

"我想写一首歌唱祖国的歌曲，等明年国庆一周年的时候，让大家唱着歌通过天安门广场。"

"好哇，这是个好主意！"

"你看，人们对中华人民共和国这么热爱，对未来这么憧憬，我们应该用音乐语言，将他们的这种情感鲜明地表达出来。"

"你写吧，我可以做你的第一个听众！"

回到天津以后，王莘马上进入创作状态。他想，毛主席在开国大典上向全世界庄严宣告：中国人民从此站起来了！我何不以此作为歌曲的主题，围绕它做做文章？ 于是，他这样写道：

中国人民站起来了
帝国主义在发抖，世界人民在欢笑
中华民族勇敢勤劳不屈不挠
誓把一切敌人统统打倒……
鲜红的太阳升起来了

中国人民站起来了
我们建立起新中国
在毛主席的领导下
把自由幸福来创造……

他把歌词念给妻子听，妻子说，内容不错，就是歌词太白，不够优美，缺乏诗意。

王莘觉得妻子说得对，便重新构思，差不多每隔两三天就写一首，其中正式发表在《天津日报》的就有6首，可是发表以后并未在社会上传唱开来。他想，当年在晋察冀边区，条件那么艰苦，没有报纸也没有电台，我写的歌还有人传唱，现在这么好的条件，群众不唱，只能说明一个问题，就是我没写好。

就这样，将近一年过去了，他写了近百首歌，也没听见太大的回响。

天安门广场突发灵感

从 1949 年秋开始，王莘面临一个新的使命——筹建天津市音乐工作团。他以群众剧社部分音乐舞蹈干部为基础，经过严格的招生考试，从社会上录取了六十多名年轻的音乐爱好者，经过一段时间的强化训练后，于 1950 年 5 月成立了新中国天津市第一个专业音乐团体天津音乐工作团，王莘任团长，曹火星任副团长，鲍昌任政治指导员。当时，音乐工作团的主要任务是下厂、下基层为群众演出，演唱的曲目多是新作，如王莘、张学新、鲍昌、艾文会等创作的《红五月联唱》，以及解放区歌曲《翻身道情》《妇女自由歌》《解放区的天》《没有共产党就没有新中国》等。王莘也沉浸在工作和创作的双重愉悦中。但是，令王莘从心灵深处始终放不下的，就是他在开国大典上立志要写一首“大歌”，一首歌唱祖国的歌。

王莘曾在回忆录中这样写道：

> 一首歌曲的产生，有时候看起来很简单，只是坐在桌子旁写几个钟头就完成了。因此在一般人的印象里，作曲者似乎是一群“天才”，其实这是一种误解。一首歌在正式写的时候，可能只需要几个晚上甚至几个钟头，但它所以能够产生，却是作者长期生活积累的结果，是由于作者的情感经过不断的酝酿，才有可能逐渐形成一个比较完整的作品……

1950 年 5 月，天津音乐工作团成立，王莘任团长。

因为我经受过民族的苦难，也参加过民族解放斗争，过去在山沟里打游击的时候，常常想象着祖国解放后的情形。因此一看到中华人民共和国成立了，便很自然地产生了激动的情绪，想写一首歌唱祖国的歌曲，把站起来了的中国人民的爱国之情表现出来。这种热爱祖国的感情，在人民中间像火花一样到处迸发着。我到天津棉纺一厂深入生活时，看到女工们在炎热的夏天紧张地劳动着，衣服被汗水湿透了，仍坚守岗位并开展劳动竞赛，她们说，我们是国家的主人翁，要为国家建设多做贡献。我还常在不同的场合听到人们谈起祖国，他们的结论是共同的，“祖国太伟大了”“亲爱的祖国”，在这些简单的语言里，蕴藏着他们对祖国无限深沉的热爱。它需要我们音乐工作者通过音乐语言表现出来。这不仅要很好地掌握音乐技巧，更重要的是把自己的思想感情与人民的思想感情融为一体，因为表达人民的感情，实际上也就是表达自己的感情。

时光荏苒，转眼已经成立一年的天津音乐工作团，有合唱队、独唱演员，却没有一支完整的乐队，即只有钢琴、大小提琴等弦乐乐器，没有铜管、木管等管乐乐器。彼时正值解放初期，百废待兴，西洋乐器都需进口，国家不可能拿珍贵的外汇购买乐器。这令王莘颇为苦恼。

一天，一位从北京探亲后返津的同事告诉王莘，他家附近的一个当铺里，摆着很多乐器，一下勾起王莘的兴致：

“是你亲眼所见吗，都有什么乐器？”

“我进去看了，有铜管，也有木管，还有盘了好多圈，叫不出名儿的……”

“一共有多少件？”

“反正不少，我看足够装备一个乐队。”

“嗯，明白了，说不定是国民党的军乐团，从大陆败退时当给当铺的。你说的当铺地址在哪儿？”

“北京西四牌楼。”

“好，我明天就去那儿看看。”

王莘犹如发现了“新大陆”，打定主意，马上去财务处，把团里所有的公款都取出来，包在一个布包里，兴冲冲回家了。

此时，王惠芬已身怀六甲，听说丈夫要出差，一脸的不高兴：

“你看，我都快生了，你还要去北京，不怕我出事呀？”

“听我说，我的好太太，马上要建国一周年了，我要是把乐器买来，我们的管弦乐队就能建立起来，这可是我梦寐以求的愿望，机会难得啊！”

“你一定要快去快回，说不定我明天就生了！”

“是的是的，你放心吧！”

第二天，王莘便拎着一包现金，坐火车到了北京。当时的王莘，正值而立之年，身强体壮，风华正茂，从前门火车站下了车，一路步行到西四牌楼，顺利找到那家当铺。

“这位先生，您想当点什么？”老板看到他推门进来，热情上前打招呼。

“不不，我想买点东西。听说你这有西洋乐器，我想要一支小号。”王莘答道。当时，他的胃口确实不大。

"小号我这儿倒是有，但不卖。你要买，就都买走，我这是一套，军乐团的乐器。你买一件，剩下的我卖谁去？"老板的脸板起来了。

"果然是军乐团的装备，我没猜错"，王莘暗忖，"我得跟他讨价还价，争取多弄几件"。

应该说，在这方面，他是行家。20 世纪 30 年代，他在上海先施公司，整天跟顾客打交道，深谙内中"门道儿"。想到这，他把现金从布包里倒出，摊在柜台上：

"这样吧，老板，我就带了这么多钱，你看你这些乐器，哪件不能给我，你就拿下去，你拿剩下的归我。怎么样？"

老板数了数柜台上的钱，撇撇嘴："太少了"，边说，边捡大个的乐器往下拿。大贝斯，圆号，大号……王莘见状，心中暗喜：这家伙根本不懂乐器，以为越大越值钱。看他拿得差不多时，王莘拦住了他：

"你把重要的乐器都拿走了，剩下这零七八碎的，我也不要了！"王莘欲擒故纵。

"你想怎么着？"老板态度有些松动，显然不想放弃这单生意。

王莘心里有数，几经调换，讨价还价，最后留下了木管组的单簧管、双簧管、长笛；铜管组的圆号、长号、小号。一个管弦乐队的管乐，基本齐了。

可是，这么多东西，怎么带走呢？王莘想，一只手提一只圆号，其他乐器只能用麻绳系上，背在肩上了。"老板，你能不能给我找点麻绳，我系在乐器上背走？"老板让小伙计到库房里，给他找了一些绳头线尾。他一段段接好，系在乐器的两端，又一件件斜挎在肩上，最后拿起两只圆号。

就这样，他手提肩背一身西洋乐器，像个欧洲小镇上的流浪艺人，丁零当啷地上了路。

从西四走到西单，从西单走到六部口，过新华门，再往前走，就是天安门广场了。

啊，天安门广场，你是祖国的心脏，毛主席居住的地方，一年前，王莘有幸在这里观看了中华人民共和国诞生的世纪盛典，现在，他又投入它的怀抱，心情真是无比激动，百感交集。与一年前相比，他发现，天安门广场的路已全部翻新，天更蓝，水更清，空气更新鲜。抬头仰望，天安门城楼已修葺一新，工人们正在城楼上悬挂大红宫灯；城墙正中的毛主席画像，也换成了彩色的，显得更加神采奕奕。尤其是广场上空一面鲜艳的五星红旗，在强劲的秋风中发出"哗啦哗啦"的声响，像是在宣示新生的共和国已高昂着头颅，屹立于世界民族之林。在夕阳的余晖里，一队队少先队员，高举着红旗，吹着军号，打着小鼓，挥动着花束，雄赳赳气昂昂地列队前进。他的眼前仿佛出现了国庆检阅的场面，海潮般汹涌的人群，歌声、欢呼声和口号声响彻云霄……所有这些画面，声音，想象，急速在他脑海中叠加着，跳跃着，蓄积已久的灵感之门忽然打开，歌曲的主旋律瞬间涌上心头，他放开喉咙，情不自禁地吟唱起来：

五星红旗迎风飘扬，
胜利的歌声多么响亮，
歌唱我们亲爱的祖国，
从今走向繁荣富强！

唱罢，他觉得还不尽兴，又提高音调，将后两句重复吟唱了一遍：

歌唱我们亲爱的祖国，
从今走向繁荣富强！

嗯，这样就更好了：前两句是起、承，后两句是转、合；重复演唱的后两句，既加重了情感的分量，又使歌曲结构更加完整。此刻，连他自己都感到惊奇了：通常，一首歌的词、曲是分别创作的，而现在，词、曲同时产生，一气呵成，虽然只是腹稿，尚未成形，但凭着他，一个作曲家的直觉，已找到了歌曲的最佳语言和形象。这一语言和形象是由天安门广场的节日氛围引发的，符合中国古典诗词中常用的表现手法“起兴”，也符合“长期积累，偶然得之”的艺术创作规律。因为，中华民族的百年屈辱，国恨家仇，奋斗牺牲，爱与憎，哀与乐，喜与悲，早已凝结于他的灵魂和血液中，一次不期而遇的外部刺激，便会令他的创作激情，如火山般喷发出来，一泻千里，不可遏制。这是信仰的力量，情感的力量，也是其艺术才华的一次超常发挥。

他来不及仔细琢磨，便匆匆上路，直奔前门火车站。一路上，他一遍遍哼唱着“五星红旗迎风飘扬”，生怕刚刚捕捉到的旋律从他的脑海中“飞”走。透过两眼的余光，他发现不断有人用诧异的神色盯着自己，那潜台词分明就是：这个背着一身乐器，边走边唱的人，精神是否不太正常？他却全然不顾周围人的反应，继续旁若无人地走着，唱着，那雄壮有力、气势恢弘的旋律，令他亢奋不已，眼泪夺眶而出，顺着鼻子流到嘴唇，口中尝到了一点苦涩的滋味；而他的胸中，却被一阵狂喜攫住了：“一首朝思暮想的歌，歌唱祖国的歌，终于被我写成了，我能把自己感动哭，就一定能把很多中国人感动哭！”

中华全国音协成立大会留影，第二排右一为王莘

写在香烟盒上的曲谱

登上开往天津的火车，王莘找到自己的座位，先把手上的两只圆号放到行李架上，又将其他乐器一一从身上卸下安顿妥当，长长舒了一口气：终于腾出手来了。他开始掏自己的衣袋，上衣的四个口袋，两个裤子口袋，统统摸了一遍，竟然没有一个纸片，只摸到了一盒“大前门”牌子的香烟。他把烟盒里剩余的烟卷取出，放到小桌上；又小心撕开纸盒的接缝处，摊开，铺平，烟盒图案的背面，便是一张白纸了。继而，又从上衣口袋里取出一支自动铅笔——那是他离开延安前，冼星海赠给他，希望他用这支笔，写出激动人心的传世之作。一切仿佛都是冥冥之中早已安排好的。他用这支笔，记下了《歌唱祖国》的前四句歌词和曲谱。完成后，他一身轻松地望着车窗外，匆匆掠过的树木、田野与河流，脑海中忽然又蹦出两句歌词：

> 越过高山，越过平原，
> 跨过奔腾的黄河长江……

多少年后，儿子曾与他探讨过一个问题：山有多高，您能从山上越过去吗？黄河长江有多宽，您能从江河上越过去吗？但是，坐在飞驰的火车上很容易产生这样的联想。这种浪漫主义的想象，是坐在钢琴旁，或写字台前,很难产生的。况且,他的想象是有生活依据的:他出生在长江之畔,又从延安开赴晋察冀边区时渡过黄河,领略过长江黄河的磅礴气势。

是的,唱到祖国,自然要想到家乡,想到秀丽的江南鱼米之乡,想到北方战斗过的太行山麓;唱到祖国,自然会想到它的人民,为了祖国的独立自由,前仆后继,不惜付出生命的代价。于是,后面几句又脱口而出:

宽广美丽的土地,
是我们亲爱的家乡。
英雄的人民站起来了,
我们团结友爱坚强如钢……

写完,他由轻而重、不断打着拍子吟唱着,力图让歌曲的旋律更加舒展、流畅、铿锵有力。他如痴如醉的创作状态惊动了四座。人们用疑惑不解的目光端详着他。座位对面一位工人模样的汉子好奇心切,用一口纯正的天津话开了腔:

“老弟,我看你一路上神神道道的,没完没了地唱,我猜你是乐器行的老板吧?”

“不是,我是写歌的,我唱的是我刚写的一首歌,叫《歌唱祖国》,我再唱一遍,大家听听,给我提提意见,好不好?”

没想到车厢里坐着一位作曲家。乘客们不禁肃然起敬,纷纷投以赞许和期待的目光。

王莘多次说过,他本来就是教歌员,喜欢写完歌就教给大家唱,只有作曲家与大众的心灵产生共鸣时,这首歌才算写成了。他就是这样理解音乐创作的。

王莘站起身来,放开喉咙,声情并茂地唱了一遍《歌唱祖国》。令他意想不到的是,在他歌唱的时候,下面竟然有人跟着哼唱了。他索性开始教大家唱。他唱一句,大家跟着学一句。他觉得大家唱得与他不一致的地方，会当即记录下来，以便在修改时，让歌曲更便于百姓传唱……

这是1950年9月15日晚，从北京开往天津的火车上。其中一节车厢里的乘客，有幸成为《歌唱祖国》的第一批听众。

同一天晚上，王莘家中。王惠芬挺着个大肚子，站也不是，坐也不是，怎么待着都不舒服。因为，孩子很快就要出生了，她望眼欲穿地期盼着孩子父亲火速归来。好不容易斜卧在沙发上迷糊着了，忽听一阵用脚踢门的声音。她挣扎着起身开门，门打开的一刹那，吓了她一跳：只见丈夫挂着一身乐器，模样怪怪的，不禁又气又怨：

"你还知道回家？我都难受成什么样儿了……"

"夫人莫急，我有好消息告诉你！"

"没兴趣。"

"告诉你，我的歌写成了！"

"啥歌呀？"

"就是我在开国大典上说的，想写一首歌唱祖国的歌，让游行队伍通过天安门城楼时唱的……"

"你唱给我听听。"

"我先喝口水，嗓子都要冒烟啦！"

喝完水，王莘清了清嗓子，把《歌唱祖国》给妻子唱了一遍。

王惠芬脸上露出了满意的神色："嗯，这首歌写得与往常不一样，豪迈，深情，有气势，不错！"

受到妻子的表扬，王莘更得意了，说："干脆，你也别睡了，咱俩来个夫唱妇随，男女声二重唱，如何？"

于是，在那个难忘的不眠之夜，这对战火中喜结连理的革命夫妻，又在为讴歌中华人民共和国歌曲的诞生而兴奋着，忙碌着。

第二天一早，王莘就把临盆的妻子送到天津妇产科医院。上午八点，他们的大女儿出生了。多年后，大女儿无比自豪地说："我是与《歌唱祖国》同一天诞生的！"

“老王啊，你怎么写了首外国歌？”

安顿好刚刚分娩的妻子，王莘携带夜间誊写好的曲谱，蹬上自行车火速去报社投稿。为什么这么着急？他的想法是，现在离国庆节还有半个月时间，如果报纸登出歌片，群众就会传唱，就会激发他们的爱国热情，为国庆一周年增光添彩。

不料，几天后，王莘收到报社的退稿信，用八个字说明了退稿原因：“国庆稿挤，暂时不刊”。这令他大惑不解，心说我过去写得不怎么样的歌，你们都登了，这次我写了这么满意的歌，为啥就不能登？报社编辑中，有他在晋察冀边区工作时的战友，关系很熟，他便前去打听。结果人家告诉他：

“老王啊，你怎么写了首外国歌？”

“什么？明明是歌唱我们祖国的歌，怎么成了外国歌？”

“我说的不是内容，是歌曲的风格，有点像外国歌。你看啊，从解放区来的歌，现在流行的歌，都是这样的：‘呼儿嗨呀，他是人民大救星’，陕北民歌；还有‘解放区的天是明朗的天，解放区的人民好喜欢’‘没有共产党，就没有新中国’，滴答滴答答，都是五声音阶的，有中国民族特色的曲调……”

“我不否认，我的老师冼星海是留法音乐家，很多创作手法是西洋的，我们也受到他的影响。我认为星海同志巧妙地运用并发展了民族民间音调，又大胆吸收了西洋音乐的某些元素，把它们糅合在一起，丝毫没有生搬硬套的感觉，而是那样亲切自然，水乳交融。比如他的《黄河大合唱》，你能说它也是外国歌吗？”

“…………”

满腔热忱被泼了一盆冷水，但王莘并不气馁。他不相信他的这首“外国歌”在群众中流传不开。此后，他用两周时间完成了《歌唱祖国》分节歌的第二、三段歌词，从历史、现实和未来的角度，对歌曲主题进行了具体阐释：

我们勤劳，我们勇敢，
五千年历史光辉灿烂。
我们战胜了一切苦难，
我们把敌人赶出边疆。
我们爱和平，我们爱家乡，
谁敢侵犯我们就叫他死亡！

太阳升起，光芒万丈，
人民共和国正在成长。
我们领袖毛泽东，
指引着前进的方向。
我们的生活，天天向上，
我们的前途万丈光芒！

三段歌词，分别写了祖国、人民和未来，使“歌唱祖国”的内涵更加丰富和完整；与此同时，也带来一个问题：歌词较长，群众记忆会有难度。为此，王莘将演唱形式设计为合唱加领唱，即群众合唱只唱第一段四句歌词，二、二段歌词由专业歌手领唱，最后再回到第一段歌词的合唱。这样一来，不仅突出了歌曲的主旋律，也增强了演唱的节奏感。

完整版《歌唱祖国》写成后，王莘把歌片油印出来，迫不及待地跑到位于锦州道58号的天津音乐工作团，一进门，正看到一个十四五岁的小姑娘坐在钢琴旁练习，便把歌片递到她手里："小靳，你把这个曲子弹奏一下！"这个小靳，便是后来的著名钢琴家靳凯华。小靳接过歌片一看，就是一个简单的谱子，像草稿一样，连歌名都没写。她点点头，照着曲谱弹奏了一遍。

就这样，靳凯华成了《歌唱祖国》的首位钢琴弹奏者。

"怎么样，好听吗？"

"好听！"

"有没有需要修改的地方？"

"没有！"

王莘知道，小靳是个诚实的孩子，当年只有十几岁，涉世未深，还不懂得何为恭维。他又让小靳弹奏给音乐工作团的其他同志听，大家都说好。

适逢中华人民共和国成立一周年，王莘率领他的合唱团和管弦乐队，到天津的工厂、学校流动演出，首场便是在天津耀华中学。为何要选择耀华中学呢？原来，1948年12月中旬，平津战役前夕，国民党第94军43师师部等3000多人，强行进驻耀华中学，构筑工事、修建地堡，堆积土墙，妄图负隅顽抗。1949年1月14日，天津战役正式打响，解放军从东西两个方向会师金汤桥后，展开对市内南北守敌的围剿。经过三个小时的激战，终于攻克国民党守军在市内的最后一个据点耀华中学，天津宣告解放。因此，在这里举办《歌唱祖国》首唱仪式，具有特殊和标志性的意义。这场由王莘指挥、王巍领唱、靳凯华钢琴伴奏的演出十分轰动，演出结束时全场起立，鼓掌长达五六分钟。

然后王莘又到天津站六号门为搬运工人、到棉纺厂为纺织工人、到海河码头为码头工人,到南开大学、天津大学为大学生教唱《歌唱祖国》。经过王莘和各方的不懈努力,这首歌不胫而走,很快在津京两地乃至全国流传开来。

转眼到了 1951 年。一天,中国音乐家协会主席吕骥出席北京大学一个集会时,听到学生们在唱一首歌,节奏铿锵有力,旋律雄壮豪迈,激情而又优美,非常兴奋,便问学生:

“你们唱的是什么歌?”

“《歌唱祖国》。”

“什么人写的?”

“不知道,是南开大学同学寄给我们的歌片。”

回到音协后,吕骥让秘书长孙慎去了解一下,这首歌究竟是谁写的。

于是,孙慎便将电话打到天津音乐工作团,接电话的恰好就是王莘。

“喂,是天津音乐工作团吗?我找一下王莘同志。”

“是孙老师吧,您好,我就是王莘!”早在 20 世纪 30 年代,王莘在上海立新会计学校学习时,孙慎就是他的老师,曾教他唱过孙老师作曲的《救亡进行曲》,所以王莘对他的声音很熟悉。

“王莘同志,你好!我跟你打听一件事,有一首歌,叫《歌唱祖国》,在群众中广为流传,据说是从天津传出来的,请你帮忙查查这首歌是谁写的。”

“哦,孙老师,是我写的。请问老师,这首歌有什么问题吗?是不是太洋气了?”

“哪里,吕骥同志在北大听到学生们唱这支歌,他很欣赏,说歌写得很好,准备向全国推荐。这样吧,你赶快把歌谱誊写出来寄到北京,文化部急要!”

毛主席说:“这个歌好！”

1950 年创作《歌唱祖国》时的王莘

原来,为庆祝中华人民共和国成立两周年,中央人民政府文化部要向全国人民推荐优秀创作歌曲,中国音协便推荐了王莘的《歌唱祖国》。几日后,吕骥向王莘传达了周总理的指示:

“总理说这个歌写得很好,但是歌词有些直白，不够含蓄。他说歌词应该像诗一样,不能都是大白话。他准备找人帮你改一下。”

“好好,吕骥同志,您也知道我就这么高的学问,恐怕想不出更好的词儿了,还是找人修改一下好。”

之后,周总理找来诗人、《人民文学》编辑艾青,征询他对《歌唱祖国》的意见。艾青说："歌词写得很好啊，都是大实话，字里行间，充满对祖国的热爱，群众很容易被感染。"周总理说："歌词嘛还是要含蓄一点，经得起回味，你哪怕改一句也好。"于是，艾青便依照原歌词的风格，做了两处修改：一处是第二段，将原文"我们战胜了一切苦难，我们把敌人赶出边疆"，改为"我们战胜了多少苦难，才得到今天的解放"；另一处是第三段，将原文"太阳升起光芒万丈，人民共和国正在成长"，改为"东方太阳正在升起，人民共和国正在成长"。这第二处改动，尤令王莘佩服。表面上看，这两句话很普通，而仔细琢磨，却内涵丰富，寓意巧妙：中华人民共和国就像东方的太阳冉冉升起，人民共和国正在成长，朝气蓬勃，日新月异。有形象，有诗意，平中见奇，出手不凡。此外，歌词中还有两句与原歌词不同，一处是第二段原文为"五千年的文化辉煌灿烂"，现为"独立自由是我们的理想"，是艾青还是王莘改写，已无从考证。另一处，原文为"谁敢侵犯我们就叫它死亡"，王莘发现群众在唱这首歌时，自发地将"死亡"唱成"灭亡"，应该尊重群众的审美习惯和二度创作；另外，这一字之改，也令歌曲唱起来更加上口和响亮。所以，从大型音乐舞蹈史诗《东方红》开始，这句歌词便正式改为"谁敢侵犯我们就叫它灭亡"。从这个角度说，《歌唱祖国》确如王莘所言，融汇了集体的智慧和力量："我常常感到，《歌唱祖国》这首歌不是我写的，而是群众自己的创作，我只是用音符把人民的情感记录下来。"

"一个作曲家在创作中，最主要的是把从群众中汲取来的情感通过自己的感情真切表达出来。如果只是考虑作曲的法则和技巧，只是去布置高、低、强、弱，就很难把歌曲写好。也正如一个歌唱家在表演时，不是将自己丰富的情感倾注到歌曲中，而是总想在哪儿该用'头腔共鸣'，在哪儿该用'胸腔共鸣'，就会显得装腔作势，毫无真情实感，也就无法打动听众。"

1951 年 9 月 12 日，周总理亲自签发中央人民政府令：在全国广泛传唱《歌唱祖国》。

9月15日，《人民日报》发表了《中央人民政府文化部关于国庆节唱歌的通知》，规定在这一年国庆期间，除唱国歌外，将《歌唱祖国》和《全世界人民心一条》（招司词，瞿希贤曲）作为国庆推荐歌曲。同时发表了《歌唱祖国》的歌片。

这一天，距王莘写出《歌唱祖国》整整过去了一年时间。

同年9月底，首张《歌唱祖国》唱片由上海唱片制造有限公司出版（现藏中国国家博物馆）。其后，由严良堃指挥的中央歌舞团，将《歌唱祖国》灌制成唱片向全国发行。

从那时起，《歌唱祖国》便成为中国历次重大庆典活动的礼仪曲、开场曲和结束曲，成为凝聚中国人民和海外华人爱国主义情愫的传世之作。

1951年国庆节，王莘再次获邀到北京观礼。他曾在回忆录中这样描述当时的情景和感受：

> 我在天安门前的观礼台上，远远地就听到人们在唱《歌唱祖国》，而且不是几十人或几百人，而是几万几十万人在唱。今天，祖国的每一个城市和乡村都在响着这首歌。我想，当一首歌曲被群众广泛接受的时候，它才真正获得了生命。我兴奋极了，一面看着波澜壮阔的游行队伍，一面在观礼台上拼命去看毛主席。虽然我在延安和晋察冀的时候看过毛主席，但这个时候我更想看看他永远关怀着我们的脸容。我很想说：敬爱的毛主席，是您领导我们战胜了敌人，摆脱了苦难，缔造了中华人民共和国，是您把我培养成一个人民的音乐工作者的啊！

《歌唱祖国》的诞生，是王莘音乐创作的巅峰，也是新中国音乐史上里程碑式的作品，堪与《义勇军进行曲》《黄河大合唱》等时代经典相提并论。

关于《歌唱祖国》，音乐评论家高鲁生做过这样的阐述：“首先，新中国刚刚成立，广大人民经过长期战乱，渴望建立一个独立自主的人民政权，过上和平幸福的生活，《歌唱祖国》生正逢时，适应了人民群众的这一心愿。作者采用革命现实主义和革命浪漫主义相结合的创作方法，以艺术化的音乐语言，民族化、大众化的歌曲形式，抒发了人们热爱祖国、热爱和平、热爱家乡和憧憬未来的美好情感。其次，《歌唱祖国》的音乐形象是鲜明的，于激情中蕴含着抒情，刚健中融汇着优美，结构完整，段落分明，层次清晰，起伏跌宕，构成了整个歌曲的完美性。”

对于歌曲的民族性与世界性的关系，音乐评论家汪毓和有着更深入的探讨：“王莘的《歌唱祖国》，是在我国传统五声性音调的基础上，大胆运用大调性的第四、第七音，甚至并不回避四度音的下行进行和七度音的上行进行。有人据此认为这首歌民族风格不够，有些洋腔洋调等，我认为这是有失偏颇的。必须承认，经过近百年中国新音乐文化的发展，源自欧洲的大小调功能体系的音调和和声体系，已经为相当多数的中国人民所接受，中国的音乐家已经通过他们的艺术实践，将其逐步与中国五声

与李焕之、王惠芬、李群、吕骥、孙慎（从左至右）

性音调进行结合，写出了不少优秀的、能为大多数群众所接受的作品。如聂耳的《义勇军进行曲》、郑律成的《中国人民解放军进行曲》、贺绿汀的《游击队歌》等，这些歌曲尽管运用了大调性的七声音阶及其和声配置，并不像某些批评者认为的，与我们民族的音乐格格不入。中国传统音乐中运用五声以外偏音的例子是存在的。事实证明，包括王莘的《歌唱祖国》在内，上述作品的音乐风格，已经为千千万万中国人民所接受、所喜爱，并已纳入优秀中国民族音乐的宝库。”

1951 年 10 月底，第三届全国政协会议在北京召开，会上特别邀请了二十多位文艺界知名人士列席，王莘有幸出席。会议开了十几天，每天都有机会见到毛主席。此时，《毛泽东选集》第一卷刚刚出版，王莘和政协委员及列席代表一样，也得到了一本。晚上，回到在翠明庄中组部招待所后，他在灯下认真阅读着、回忆着、思索着。他忆起延安时期，毛主席在鲁艺演讲和冒雨观看《黄河大合唱》的情景。毛主席对文艺工作的重视和指导，对艺术工作者的培养和教育，尤其令人难忘。现在，读着毛主席这一时期撰写的文章，倍感亲切，仿佛又听到了毛主席用一口浓重的湖南话，与他娓娓而谈。此刻，他忽然产生了一个强烈念头：何不抓住这次参加政协会的机会，请毛主席给自己这本“毛选”签个名？想到这里，他马上叩响了隔壁作曲家沈亚威的房门。沈亚威，浙江吴兴人，曾任新四军文化队音乐教员、指挥，华东军区解放军剧院副院长等职，最著名的音乐作品是《毛主席诗词——人民解放军占领南京》。与王莘有着类似的革命经历。两人一拍即合，商定明天利用会场休息时间，一起到毛主席就座的地方，请他在《毛选》上签名。

第二天，王莘和沈亚威每人捧着一本《毛选》，走到毛主席落座的一号位上，恭敬地对毛主席说：“毛主席，您能为我们签个字吗？”毛主席抬起头来，微笑地看着他们，亲切地问道：“你们叫什么名字？”沈亚威自我介绍后，又指指身边的王莘，告诉毛主席：“他是王莘，《歌唱祖国》的作者。”毛主席点点头说：“好好好，这个歌好！”又问：“签在哪里？”王莘把书递给毛主席:“就签在封套上吧!”毛主席说:“那很容易磨掉,我给你签在封面上吧!”

王莘便将封套取下,把书递到毛主席面前。毛主席大笔一挥,在毛选一卷封面左侧,签上“毛泽东”三个潇洒劲健的钢笔字。

返津后,王莘对毛主席为他签名的竖排版“毛选”一卷,始终视若珍宝——不是束之高阁当作收藏,而是不断翻阅、学习,在书页的空白处记下密密麻麻的阅读心得和体会。而毛主席为他和沈亚威签名的大幅黑白照片,则悬挂在他家客厅最显著的位置,成为鼓舞他不断前进的动力源泉!

1951 年《歌唱祖国》正式发表时的王莘

第七章

跨过鸭绿江

（1952）

炮火中的“洞房花烛夜”

20世纪50年代伊始，当站起来的中国人民满怀信心，勾画社会主义革命和建设的宏伟蓝图时，美国悍然发动了朝鲜战争，将战火烧到了鸭绿江边。1950年10月8日，中国应朝鲜政府的请求，做出“抗美援朝、保家卫国”的战略决策，迅速组成中国人民志愿军入朝参战。

抗美援朝战争极大地激发了中国人民的爱国热情，各行各界纷纷捐钱捐物，以实际行动支援前线报效国家。在文艺界，著名豫剧演员常香玉率团巡回演出，以全部演出收入和个人积蓄，捐献了一架“常香玉号”战斗机；赴朝慰问演出时遭遇敌机轰炸中弹牺牲的相声演员常宝堃(艺名小蘑菇)，在他的故乡天津亦是家喻户晓。而在战火纷飞的志愿军坑道里，在三八线上，还活跃着一批在国内享有盛誉的作家艺术家，他们是巴金、刘白羽、田间、胡可与王莘。

王莘是1952年春，随全国文联创作组赴朝体验生活并进行创作的。当时，朝鲜战争经过五次战役、七个多月的军事较量，美国已尝到中国志愿军的铁拳，意识到一旦陷入朝鲜战争的泥潭，势必对其以欧洲为重点的全球战略极为不利，加之国内反战情绪日益高涨，决定转入战略防御阶段，交战双方边打边谈，战事处于胶着状态。

王莘深入生活的地点在三八线附近的板门店，一块方圆数千米、包

1952年与作家代表团赴朝慰问，左二巴金，左三王莘，右二胡可

括朝中代表团驻地开城在内的“中立区”。这里白天升起四个气球，晚上以探照灯直射空中作为识别标志，宛如血雨腥风中一块小小的和平绿洲。五月，志愿军第十九兵团竟利用这一条件，在开城举办了纪念毛主席《在延安文艺座谈会上的讲话》发表十周年文艺会演。会上巴金、刘白羽、田间、王莘分别做了专题发言。王莘在发言中，以他的《歌唱祖国》为例，阐述了作曲家必须与人民群众情感相通的问题，引起志愿军战士的极大兴趣。令他意想不到的是，在这个远离祖国、远离故乡的地方，从朝鲜最高领导人到普通志愿军战士，几乎都了解和喜爱《歌唱祖国》。

他不会忘记，当金日成得知王莘是《歌唱祖国》的作者时，高兴地说：“这首歌很好唱，我也会唱！”他与王莘紧紧握手，并在王莘的日记本上签了“金日成”三个汉字，并送他一支左轮手枪。这支手枪，王莘很喜欢。但根据有关规定，手枪在他手里还未焐热，便上缴给了组织。

他不会忘记，他到志愿军坑道里慰问时，正逢祖国人民送来抗美援朝纪念章。经历过无数次硬仗恶仗的战士们，都换上新洗的军装，戴上历次战役中荣获的奖章、功勋章，向祖国人民汇报他们的赫赫战功；当闪闪发光的纪念章别到战士们胸前时，坑道内顿时沸腾起来，纷纷要求王莘指挥他们合唱《歌唱祖国》。王莘说他从来没有听过这样的合唱：合唱时，每个战士都热泪盈眶，他自己也热泪盈眶，一种炽热的爱国之情，如浪潮般在坑道中奔涌开来。

在坑道里指导战士们演奏

在朝鲜的日子里，王莘接触最多、合作也最多的人，是剧作家胡可，二人可谓“一个战壕里的战友”。他与胡可相识于抗战时期，虽然不在一个团体，但斗争经历相同，对文艺工作的使命感相同。胡可对王莘的歌曲《晋察冀之歌》《战斗生产》等歌曲耳熟能详，王莘对胡可的剧作《戎冠秀》《战斗里成长》心存景仰。赴朝后，胡可对王莘的《歌唱祖国》被志愿军热捧，亦有一番解读：

> “祖国”这个词以前不很流行，自从有了人民自己的政权，“祖国”便成为凝聚人们情感、温暖人们心灵的一股力量而流传开来。这一点，在身处异国他乡经历了苦战的志愿军中感受得特别深切。祖国的亲人，祖国的消息，祖国的来信，甚至祖国画报上一张孩子的笑脸，都能使人流下热泪。而《歌唱祖国》这首歌曲和它的作者，也就特别受到人们的喜爱和欢迎。

在朝期间，王莘与胡可合作，创作了两个剧本：一个是独幕剧《为祖国争光》，王莘创作了剧中的四支插曲；另一部是小歌剧《地雷大搬家》，由王莘作曲。这些剧本是在怎样的时空环境下写出来的？胡可有个诙谐的比喻，叫作“洞房花烛夜”——

后来我们到兵团政治部驻地市边里进行创作。市边里原来是个村镇，战火中已成为一片废墟。附近的山谷林木丛中，沿山坡挖出的若干洞穴，便是兵团政治部了。这种洞穴其实是掘开式覆以棚盖的掩体，根据自然地形留有门窗，顶部以树枝油毡泥土遮盖；洞内用木板支起床铺，用弹药箱罐头箱作为桌椅，便成为理想的办公室兼宿舍了。晚上，烛光映照着炮弹壳里插着的野花，这就是我们眼中的“洞房花烛夜”了。王莘和我就住在热心的同志们分别为我们腾出的“洞房”里，白天在林荫空地讨论剧本，晚间就在烛光下写作。那是一段令人难忘的日子。兵团虽然远离前沿炮火，却是敌机搜索轰炸的目标。白天被称为“黑寡妇”的敌海军轻型轰炸机沿着山头低飞，夜晚敌B-52重型轰炸机在附近投

在坑道里教歌

弹。那时雨季已经来临，雷雨之夜竟分不清哪是雷声哪是炸弹爆炸声，哪是敌机的轰鸣哪是风雨和溪流的咆哮。而烛光照耀下洞壁忽然出现许多汩汩细流，不多久，洞内便成为水塘，脸盆鞋子一一漂浮起来。这时，就只能把怕潮的挎包衣物堆上床铺，把双脚泡在水里，一面听着风声雨声和敌机的轰鸣，一面就着烛光编写我们的剧本……

"洞房花烛夜"，实在是只有文人才能想出的字眼，是自嘲，也是一种革命乐观主义精神。毕竟，整个朝鲜的战火还未停息，危险仍无处不在。一次，王莘下部队采访，返回开城基地时，路遇敌机轰炸，炸弹在离他乘坐的吉普车不远处爆炸，强大的气浪掀翻了汽车，王莘被困在车里动弹不得。幸亏开车的小战士年轻力壮，从驾驶室挣扎爬出后，又将王莘从车内救出。"好险啊！"王莘看着前方被炸出的弹坑里，一缕黑烟正飘向空中，不由打了个寒战。这时他才发现，头上一股黏糊糊的液体顺着面颊流淌下来，用手一摸，是血，才知自己受伤了。小战士见状，将自己贴身的衬衫撕了，为他简单包扎了一下。车不能开了，两人只好相互搀扶着，靠两条腿一步步走回开城基地。

给“最可爱的人”写首歌

魏巍在报告文学《谁是最可爱的人》中写道:“在朝鲜的每一天,我都被一些东西感动着;我的思想感情的潮水,在放纵奔流着,我想把一切东西都告诉给我祖国的朋友们。但我最急于告诉你们的,是我思想感情的一段重要经历,这就是:我越来越深刻地感觉到谁是我们最可爱的人!谁是我们最可爱的人呢?我们的战士,我感到他们是最可爱的人。”

王莘也是如此。在朝鲜,他经常到坑道中接触战士们,深为他们的爱国主义和英雄主义精神所感动。在“洞房花烛夜”与胡可合作完成音乐剧合作后,二人分别到一线部队深入生活,王莘又陆续写出了《智勇双全的黄连长》《英雄的阵地马良山》《中朝人民友谊歌》等歌曲。

王莘是在三八线西段马良山战役结束后,部队短暂轮换休整期间,被派往军区文工团所在地商山里,指导战士们开展文化活动的。文工团团部位于商山里一个群山环抱的小山村。时值深秋,山野里松林苍翠,枫叶正红,遍地的野菊花烂漫芬芳,完全看不出战火留下的创伤。一天,文工团团员盛殿元正在山洞外巡逻,忽见远方走来三个身穿军服的战士,其中一人,竟是他的老同学姜华林。他俩是1948年中华人民共和国成立前,从北平南池子艺文中学入伍,然后赴朝参战的。

“你怎么来了?”

“介绍一下，这两位是我们部队的文艺骨干，小闻和小侯，奉命来文工团学习唱歌跳舞的”。

“那你们来着了，三八线来了位大作曲家，就是《歌唱祖国》的作者王莘老师。他刚从马良山前线采访归来，这会儿正在山洞里写歌呢！”

“啊，太好了，赶快让我们见见吧！”

“洞里太小，你们等我进去报告一声。”

话音未落，就见王莘从山洞里走出，满面笑容地与大家打招呼。

“首长好！我们在国内就特别爱听您的《歌唱祖国》，现在见到真人了，您就教教我们吧！”小闻拍着巴掌，动作轻盈地仿佛要跳起来。

王莘点点头，顺手从地上捡起一根树枝，一边打着拍子，一边逐句教唱起来。

“五星红旗迎风飘扬，

胜利的歌声多么响亮……”

雄壮豪迈的歌声，在寂静的山谷中回荡！

休息时，小闻问王莘刚才在山洞中写什么？王莘说，他刚刚从马良山阵地采访回来，正在为作家和谷岩的歌词《英雄的阵地马良山》谱曲。如果你们有兴趣，我就唱给你们听，听后你们提提意见，帮我修改、完善一下。

说罢，王莘返回山洞，取来歌谱高声唱道：

“汹涌的临津江，滚滚流向南。

雄伟的马良山，站立在江边。

满山松柏常年绿，悬崖陡壁高齐天。

像一个英雄的朝鲜人，日夜守卫在临津江湾……”

一曲歌罢，小闻忙不迭地击掌叫好：“词好，曲子好，老师唱得也好！”

“姑娘，不要只是恭维呀，意见呢？”

“挺好的。意见就是希望您教教我，我学会了再到部队唱给大家听！”

在战火纷飞的朝鲜前线，志愿军的每一次胜利都激发着王莘的创作

慰问期间与战士亲切交谈(左一巴金,左二王莘)

采访志愿军特级英雄黄丑和

灵感。一个艺术工作者,应当满腔热忱去聚焦他们、讴歌他们,因为他们是这个时代“最可爱的人”。歌曲《智勇双全黄连长》,便是王莘亲临黄连长所在部队,与战士促膝谈心,了解澄波里防御战战况后写出的。在这次战役中,黄连长率领的五七五团英雄一连,打退敌人以一个营兵力向我阵地发动的十七次进攻,胜利完成阻击任务。此次战役共歼敌 616 人,俘虏 20 人,击落敌机两架,击毁敌坦克两辆,汽车三辆。一连荣获“一等功连”“二级英雄连”光荣称号,连长黄丑和荣获“特等功臣”和“二级战斗英雄”光荣称号。

在志愿军英雄事迹的感召下,王莘根据杨蒿华、黎雨所作歌词,创作出歌曲《智勇双全的黄连长》:

抗美援朝英雄多,听我来唱个英雄歌。
智勇双全的指挥员,
他的名字叫黄丑和。
黄连长,黄连长,
指挥员的好榜样,志愿军的好战士,
我们大家来歌唱,来歌唱。

据在世的志愿军参战者回忆,王莘的《英雄的阵地马良山》和《智勇双全的黄连长》,“在志愿军指战员中广为流传,鼓舞着指战员的士气,增强了胜利的信心。这两首诞生在战火硝烟中的歌曲,像临津江震天的涛声,汇成志愿军情感的潮水,奔腾不息”。

第八章

和平年代的歌声

（1953—1965）

马路上的教歌人

进城后，王莘一家住在和平区锦州道58号一幢二层小楼里，楼下是住宅，住着天津音乐工作团的几位领导，楼上是天津音乐工作团的排练厅。与王莘毗邻而居的，是《没有共产党就没有新中国》的作者曹火星一家。老哥俩从战火中的华北群众剧社一路走来，从天津音乐工作团到成立天津歌舞剧院，始终形影不离，一正一副，亦师亦友。

王莘一家十几口人，住在两大间房子里，显得颇为拥挤。但受当时住房条件限制，无论是官是民，差距并不悬殊。若问，王莘一家，怎会有十几口？原来，除了王莘夫妇和六个孩子之外，王莘还将远在无锡荡口老家的母亲、姐姐及外甥女接到天津。当时，王莘夫妇工作很忙，无暇照顾孩子；把她们接来，一则可以照顾孩子，二则也想让母亲享受天伦之乐。因为王莘离家参加革命后，家里不时受到地痞流氓的讹诈和骚扰，令母亲不胜其烦。母亲辛苦操劳了大半辈子，王莘想让她晚年过得好一点。姐姐出嫁后，育有一儿一女，不幸夫君早亡，儿子早夭，姐姐悲伤至极，哭瞎了一只眼。现在携女儿来津，亦是成全了女儿朱雪芬。朱雪芬自幼喜舞，来到“舞堆”里如鱼得水，后来成为歌舞剧院舞蹈队长，并影响了王莘的两个女儿——小五、小六。此外，同住的还有王莘的一个侄子。

这样一大家子，每天就是一出戏。

王莘幸福的大家庭

王莘与岳父(后左一)母亲(中左一)姐姐(中右一)外甥女(后右一)

及妻、儿合影

最淘气的是王莘的大儿子大山。战争时期，大山被寄养在平山一个老乡家里，来津后一口平山话，像个乡下人，常被弟弟妹妹们取笑，他也经常欺负弟弟妹妹。很长一段时间里，他不跟王莘叫父亲，因为，他认为他的亲生父母在平山。大山调皮捣蛋，最爱登梯子爬高，动辄窜上房顶，吓得奶奶心惊肉跳。王莘从朝鲜前线回国后，带回两只大皮靴，放在床沿下。因楼道里没有厕所，夜间，大山和弟弟外出解手怕冷，便尿在父亲的大皮靴里。第二天早上，王莘一穿靴子，里边湿漉漉的，惊道："哎呀，我的汗脚竟然这么厉害，晾了一宿都没干呀！"

直到两个坏小子笑出声来，他才知道原来是他俩的恶作剧。

挨打，是少不了的。

有趣的是，无论孩子们谁惹了祸，挨打的一定是大哥。所有的孩子站成一溜，王莘发令了："大山，你出列！"

大山战战兢兢走出。

"把裤子脱下来！"

王莘手持一块木板，对着大山的屁股，"啪"的一下，声音清脆。打一下，大山的屁股哆嗦一下，妹妹们的脸上哆嗦一下。

纯粹是杀鸡给猴看。想当年，王莘因为写错了作业，也挨过父亲的板子。"子不教，父之过"，他继承了老一辈人的衣钵。没有规矩，不成方圆。一个家庭必须有一个好的家风。

打归打，做父亲的，谁不期盼孩子早点出息、成才？王莘也不例外。次子二牛四岁时，他便在家中教他练习钢琴。钢琴没有牌子，是攒起来的，但声音不错，被父亲视若珍宝。二牛渐渐上了道。

大山看了眼馋，于是找到父亲：

"我也要学钢琴！"

"哎呀，你弟弟已经学了，你就别学了。你还喜欢什么乐器？我来教你。笛子怎么样？"

说着，不知从哪找出一支笛子，"呜呜"吹起来。大山一听，也挺好，轻便，便于携带，展示机会多，于是点了点头。父亲又请团里的笛子专家刘管乐教他。老师教他吹《荫中鸟》，乐曲生动模仿林中各种鸟儿的啼啭，他很快就学会了。他学会了就向弟弟显摆：

“你听，像不像鸟叫？”

“像个屁！”

虽给哥哥泼了冷水，但弟弟内心里还是佩服他的。果然是“名师出高徒”，大山的笛子演奏水平，后来到了音院附中无人能教的水平。于是，父亲又给他买了长笛：

“你知道吗，为了给你买这支长笛，我们全家两个月不能吃肉！你可得好好学呀！”

其实，王莘最爱教孩子们唱歌。早在20世纪30年代，他就是以教歌员的身份，投入抗日救亡运动的洪流中的。现在，他一有空，便把那些抗日救亡歌曲当做儿歌教给孩子们：

“工农兵学商，一起来救亡。拿起我们的铁锤刀枪，走出工厂田庄课堂……”

“大刀，向鬼子们的头上砍去，全国爱国的同胞们，抗战的一天来到了……”

“同学们大家起来，担负起天下的兴亡！听吧，满耳是大众的嗟伤，看吧，一年年国土的沦丧！……”

多年以后，当王莘的次子二牛采访《救亡进行曲》作者、百岁老人孙慎时，当面唱起这首老歌，竟令孙慎老泪纵横：

“这么多年了，你竟然还记得这首歌？”

“是的，所有抗日救亡歌曲我都会唱。当年父亲是当儿歌教给我的！”

王莘还有一个习惯，即每写一首新歌，都会到马路上教行人学唱。在离他家不远的滨江道河北路口，也是天津最繁华的商业中心，熙熙攘攘的人流中，时常会看到这位戴着一副眼镜面目清瘦的歌者，手里攥着一张歌谱，逢人便打招呼道：“朋友，我教你们一支新歌，好吗？”

天津人爱看热闹，于是，人越聚越多。他就一句一句教大家唱。一旦发现群众唱的与他写的不同，他马上用铅笔屁股上的橡皮，把自己写的这个音符擦掉，改成群众唱的音调。他非常善于捕捉群众的发声方法。在他看来，群众永远是对的，而作曲家是错的。他家的每个孩子都看过他在马路上教歌的画面。因为他在教歌的同时，还兼有照顾孩子的任务。他们记得，他教过《建设祖国之歌》《共青团员之歌》《雷锋的童年》《我的祖国在黑非洲》，等等。这些歌，都是刚刚写完便拿到群众中接受检验的。

他有工作狂的一面，也有温馨浪漫的一面。最少每隔一周，他就带着老婆孩子，浩浩荡荡步行到水上公园，亲近大自然，划船、戏水，在草地上捉蚂蚱，一家人其乐融融。有时还带上母亲和姐姐。母亲尽管年事已高，身板却很硬朗。她去粮店买粮食，都是自己扛回来。有一次，她发现粮店多给了 20 斤粮食，当即给人家退了回去。后来，她把粮本弄丢了，粮店负责人说：这老太太很诚实，肯定不会骗人的，马上给她补发一个！

1958 年，王莘在天津滨江道街头教唱自己创作的新歌

你好，华沙的《小鸟》

20世纪50年代，是中苏友好相处的“蜜月”时期，两国之间的文化交流相当热络。1950年，为纪念毛泽东主席访苏，苏联作曲家穆拉德里创作了歌颂中苏友谊的歌曲《莫斯科—北京》，并于1951年荣获斯大林奖金，由朱子奇、周巍峙译配后很快在中国传唱开来。1954年秋，苏联国立民间舞蹈团和苏联国立莫斯科大剧院分别来北京演出歌舞晚会和芭蕾舞剧《巴黎圣母院》，毛泽东、刘少奇、周恩来等党和国家领导人均出席观看。中国的《东方红》《白毛女》《黄河大合唱》等经典音乐作品被推介到苏联；苏联的《天鹅湖》《叶甫盖尼·奥涅金》《伏尔加船夫曲》《莫斯科郊外的晚上》《喀秋莎》等经典音乐作品，更是深受中国人民的喜爱，并

在莫斯科受到苏联小朋友的热烈欢迎

在莫斯科红场

广为传唱。

与此同时，中国与苏联及东欧社会主义国家艺术家和文艺院团的互访亦十分频繁。1955 年，王莘受邀以国际评委身份，出席在波兰首都华沙举行的第五届世界青年与学生联欢节，并顺访了他向往已久的世界革命中心苏联以及捷克斯洛伐克、罗马尼亚、波兰等东欧社会主义国家。

王莘曾在回忆文章中这样写道：

火车开进波兰国境时已经是深夜了。车站上传来婉转深情的歌声，曲调是那样优美动听，感情是那样真挚深情，引得我们全车厢的人都侧耳谛听起来。原来是一群波兰姑娘在明静的月夜里，唱起了塞格廷斯基的《小鸟》来欢迎我们。塞格廷斯基是波兰玛佐夫舍歌舞团创建人，也是一位民间音乐大师。他一生孜孜不倦地采集波兰优美的民歌和民间音乐，经常驾着一辆农家的马车，从一个村庄到另一个村庄，访问年长的

在波兰肖邦墓前

男女农民们，听他们演唱各色各样的古老民歌，并当场把它记录下来……我想，等联欢节一结束，我一定要到玛佐夫舍歌舞团学习考察一番，亲眼看看他们是以怎样的方法和理念训练演员、形成独特艺术风格的。

第五届世界青年联欢节上，来自 80 多个国家的 3 万多名不同民族、不同肤色的青年，在华沙展开了多采多姿的联欢活动和友谊比赛，多元文化荟萃各臻其妙，和平友谊之声不绝于耳，这令身处其中的王莘不仅开阔了视野，又从专业角度学习和领略了世界文化的丰富性和包容性，深刻体会到，艺术是没有国界的，音乐是没有国界的。

联欢节上的民歌演唱竞赛，共有来自 20 多个国家的 60 多名青年歌唱家参加，评委共有十位，他们是来自莫斯科音乐学院的苏科洛夫教授、法国作曲家菲力普开拉罗和中国作曲家王莘等。

王莘曾在回忆文章中这样记述当时的情景——

节目的丰富多彩是难以描绘的。演唱者都穿着各自民族最漂亮最鲜艳的服饰，采用多种多样的音色、唱法和乐器伴奏，使我见识到许多从未见过的东西。每位演唱者都有自己独特的民间唱法，有的轻声细唱，有的嘹亮奔放，有的带着非常多的装饰音和滑音……而他们有一个共同点，都是用民歌真实地、纯朴地表现了各族人民的生活情感。虽然我听不懂他们所唱的歌词，却感到无比亲切和易于理解。例如保加利亚女声四重唱《母亲的催眠歌》，通过质朴而浑厚的民间和声，在我们面前展现了保加利亚美丽的田野，流露出她们对生活的热爱。保加利亚是个有名的出歌手的国家，这与他们民间歌唱非常普遍、人民热爱歌唱是分不开的。

比赛中，苏联的三个节目全部荣获了一等奖，其中吉尔吉斯青年歌唱家阿·宗巴也夫获得了唯一一个满分。他手执一种名为“高姆斯”的三

指挥捷克斯洛伐克国家军乐团演奏

弦弹拨乐器，边弹边唱，演唱风格非常诙谐风趣。一首是《我的乐器》，意思是我的乐器能为和平演奏，也能去打法西斯；另一首是《夜莺》，描写一个失恋的青年，他的心情如此不好，以致讨厌夜莺的歌声来打扰他。他每次演唱都受到狂热的欢迎。

值得向大家介绍的还有荣获一等奖的印度青年歌唱家纳马尔·霍德莱，他自弹一种民间乐器“杜拉达”，演唱了一首描写青年人对爱情、对生活渴求的印度民歌《格阿奇》。歌手运用天生的极为响亮的嗓音，忽强忽弱忽快忽慢的节奏控制声音，有时像山谷中的回响，有时像少女的低语，有时又如潮水般热情奔放，完全将观众的情绪带入歌曲的意境中。他的歌唱显示了印度民歌中所具有的那种健康和旺盛的生命力。

我国参加比赛的四位歌唱家中，范裕纶、宝音格力德、江新蓉荣获一等奖，巴莎荣获二等奖，这是非常令人兴奋的事情。当范裕纶的《川江号子》在第一轮比赛演唱时，就引起全体评委和听众很大兴趣。他的声音很好，能很好地掌握歌曲中的情绪和四川民歌的特点，忽而平静忽而惊险，最后渐弱句使人感到江船在山峡深处悠然远去。本来在竞赛中是不许鼓掌的，可是苏联评委忍不住竟破例向我鼓掌；法国评委会主席怀疑这首歌经过改编或重新创作，当我告诉他独唱完全是船夫原始的歌，合唱才稍加润色时，他十分惊奇地连声称好！……江新蓉的京剧清唱这次也参加了比赛，她唱了一段《三击掌》，一段《玉堂春》，大家都被中国京剧优雅动听的曲调、丰富多变的节奏吸引住了。她唱得很好，伴奏配合也好，这种完全东方色彩的音乐迷住了外国人。有人问它应算古典音乐还是民间音乐？我向评委会做了简要解释，说明中国民间不但有丰富的民歌和民间音乐，还有数十种民间歌剧（地方戏）。京剧就是经过人民长期创造和提高了的"北京歌剧"，它既是民间的，又是古典的，是中国的国粹。

没有比较就没有鉴别，他山之石，可以攻玉。在华沙的日子里，王莘一直在思考一个问题，即"土"和"洋"的问题。国内有很多为人喜爱的民歌演唱家，例如郭兰英，始终保持着鲜明浓郁的民间特色；但也有些人认为，民间唱法太"土"，尝试以西洋歌剧的唱法来演唱民歌，结果却"画虎

参加世界青年联欢节，与各国演员合影

访问埃及

和保加利亚工人在一起

1958 年在阿富汗喀布尔机场

出访罗马尼亚

1958年在叙利亚参观大清真寺

不成反类犬”。通过在世界青年联欢节上做评委，王莘深刻体悟到：每个国家和民族的民歌都有它独特的唱法，这种唱法是与本民族人民的性格特点、生活习惯等因素分不开的，是在长期民间生活中创造出来、又经过艺术家加工提高的，因而具有广泛的群众基础，为广大人民所熟悉所喜爱。所以，那种将民间唱法“提高”成为欧洲歌剧唱法的论调是错误的，实际上是要取消民间唱法。从这次国际赛事中，他更明确认识到，我们必须更好地培养和保护民间歌唱人才，使他们能够从原有民间唱法（用今天的话说，就是“原生态”唱法）的基础上加以提高，使他们能够经常与民间艺术保持密切联系，从那里汲取养料来丰富自己。

1958年，率天津歌舞剧院出访叙利亚首都大马士革

1955年出任第五届世界青年联欢节艺术评委

联欢节闭幕后，王莘如愿以偿地随中国青年代表团，访问了华沙近郊的玛佐夫舍歌舞团。歌舞团设在一个风景如画的庄园里，这里森林覆盖，绿草如茵，林间空地里有一个天然的舞台，既可为各国来宾表演精彩歌舞，又可随时请当地民间歌手登台献艺。王莘在回忆文章中畅谈了他的观感——

玛佐夫舍歌舞团的成功经验是以严格的专业技巧训练团员，又不生搬硬套传统的方法。他们具有一个完整而独特的表演风格。无论是节奏典雅的波洛涅兹舞曲，或是抒情风格的马祖卡舞曲，抑或是热情奔放的波尔卡，无不蓬蓬勃勃，生活气息浓郁。而他们演唱的塞格廷斯基的歌曲，歌词都是非常乐观诙谐而具诗意的，曲调都是质朴而具表现力的。这次他们还增加了许多颇具乡土色彩的节目，如采用农村乐队伴奏，其中加入了古老的山羊袋风笛和魔鬼的小提琴，使节目更加纯朴可爱和富有乡土味道。就拿《山地居民的舞蹈》来说，舞者每人手执一柄利斧，跳着急促的踩脚舞，情绪是这样热烈，节奏是这样欢快，动作是这样敏捷，表现出山地居民粗犷豪放的性格。更值得一提的是，他们改掉了歌舞演出不断开幕落幕的传统，创造了从头到尾连续演出的方法，使节目之间联结自然、气氛连贯：一阵热烈的欢舞之后，接着从后面出现了轻盈的抒情舞蹈，在相互巧妙的穿插中，出人意料地，台前又出现了气势宏大的大合唱……真是千变万化，层出不穷，赏心悦目。可以说，这种串联方式本身就是一种艺术。还有演员身上美丽多变的服装，色彩鲜艳，款式繁多，加上各种灯光的烘托，忽而亮如白昼，忽而月夜幽静，更增添了舞台上的戏剧氛围。总之，从表演风格、演出形式到灯光、服装设计，每个环节都充满创造精神，每个环节都非凭空而来，而是有着扎实的生活根据，汲取了丰富民间营养的。所有这些，都是非常值得我们学习借鉴的。

新官上任，开除了自己儿子

1953年4岁的二牛（王斌）与父亲王莘在钢琴前合影

1950年，随着中华人民共和国成立的脚步声，一座培养高等音乐人才的学校——中央音乐学院，在天津海河东岸的十一经路正式成立了。

1953年，中央音乐学院成立干部进修班，把曾在延安鲁艺、华北联大等战争时期的艺术系学员集中起来，系统学习大学本科教程。王莘有幸参加，学习了和声、复调、配器、作品分析等作曲基础知识。这次“回炉”，对进一步提高他的专业水准和创作能力，发挥了不可低估的作用。

干部进修班里，人才荟萃，许多成就斐然的作曲家身列其中，用今天的话说，堪称“明星班”。就拿与王莘同宿舍的三位来说，王莘是《歌唱祖国》的词曲作者，张鲁是歌剧《白毛女》的曲作者，晨耕则是《骑兵进行曲》的曲作者，都已是“隔着门缝吹喇叭——名声在外”了！

不久，这个充满"音乐之声"的狭小空间里，又多了一个小琴童，他便是王莘的次子二牛。当时他只有四岁，望子成龙的王莘每周日安排他上一次钢琴课。晚上，四个人一起吃饭聊天时，两位叔叔发现二牛耳音特别好，他们在钢琴上弹出很多难以分辨的音，他都能准确识别，不禁感叹：王莘啊，你有接班人了！

1958年，中央音乐学院决定迁址北京，由此产生一个问题：天津是否要有自己的音乐学院？刚刚从中央音乐学院干修班毕业、时任天津音协主席、天津人艺歌舞团团长的王莘，是最有发言权的一位。于是，他给时任天津市长的李耕涛打了一份报告，陈述天津建立音乐学院的有利条件：一、中央音乐学院在津办学九年，有现成的校舍和教学器材；二、中央音乐学院的教师中，有些已成家，配偶和子女都在天津，会留下可观的师资力量；三、天津人的音乐鉴赏力很强，有音乐文化成长的丰沃土壤。

李耕涛很快做出批复，同意成立天津音乐学院，并指定王莘参与学院的组建工作。李耕涛说，房子、师资有了，一个学校好不好，就在一院之长，一定要有一位在国际上叫得响、有声望的院长主持学校工作。起初，他想让王莘做院长。但王莘向他推荐了自己的老师、中央音乐学院副院长缪天瑞：

"我的老师缪天瑞是音乐学专家，精通多国语言，是中国音乐教育事业的开拓者之一、中国律学基础理论的奠基人，代表作有《律学》及翻译作品盖丘斯的《音乐构成学》《旋律学》《配器学》等，在国内外都有一定声望。我觉得他做院长比较合适。如果您同意，我可以做他的副手，参加学校的组建工作。"

"他会愿意留在天津吗？"

"以我对老师的了解，他对天津是有感情的。我可以做做他的工作。"

经过王莘的诚心邀请后缪天瑞欣然接受，由此，担任了天津音乐学院首任院长，王莘任副院长，孙振任党委书记。

令人意想不到的是，王莘新官上任不久，便开除了自己最器重的儿子!

前面说过,王莘培养自己的次子二牛四岁起学习钢琴,天津音乐学院成立后,又安排他到天津音乐学院附小学习。当时,学生每周二上钢琴课,课后老师留的作业都是难点,只有认真练习,周五回课时才有可能通过。但小时候的二牛太贪玩了。几个小伙伴在校园里踢球,摆几个书包做球门,玩得昏天黑地的,唯独忘了练琴。周四晚上,二牛心想坏了,明天就要回课了,钢琴老师又特别严,无奈之下想了个鬼点子,偷偷在钢琴上做了手脚——弹不响了!

钢琴老师姓高,是个上海人,戴个小眼镜,说话柔声细语像个女人,谁若不听话,拧你一小块肉,还不许喊叫。开始回课,二牛在一旁假装镇定,没事人似的。高老师把琴盖打开,一弹,每个琴键都不响。

"这钢琴坏掉了,怎么搞的?好啦好啦,下周二再说吧!"

高老师一出琴房,便将修理钢琴的李师傅请来了。李师傅一打开琴盖就叫道:"哎呀,你的琴被人破坏掉了!"

"啊——胆子太大了,竟敢破坏钢琴?不用说,肯定是这小子捣的鬼!"

高老师让人把二牛叫到面前。

"破坏教具,这是什么性质的问题,你懂不懂啊?"

"我不知道啊,我来的时候就这样了。"老师一上纲上线,二牛更不敢说实话了。

"你不承认是吧,我找你爸爸去!"

高老师气呼呼跑到院长办公室,向王莘告了状:"你那儿子该管管了,我管不了啦!"

"出了什么事?"

"他把钢琴破坏了!"

"你确定是他干的吗?"

"确定。"

"开除!"

王莘斩钉截铁，只两个字，一下把高老师吓傻了。

“不不不，王院长，我不是这个意思，你是他爸爸，打他两下，吓唬吓唬就行了。他是我们班钢琴弹得最好的，很有天赋的，耳朵也很好，开除可惜了！”

“只要我还在这儿当院长，就不能容忍这种破坏教具的行为。我不能因为他是我儿子就袒护他！”

…………

多年后，当王莘患病住院，儿子在病床前照顾他时，多次表现出愧疚之意：

“当年我开除你，你是不是恨我？”

“哪儿的话，您是我父亲，做事有自己的原则，我为什么要恨你呀？”

“说实话，要不是我把你开除了，也许你已经成了一个钢琴家。有那么好的天赋，可惜了。我当时也是有些冲动了。可是你知道，我们是新建的学校，必须纪律严明。我也是没办法，委屈你了！”

父亲一番话，令儿子深受感动：老爷子一辈子两袖清风，奖罚分明，一件违背原则的事也不愿做，对自己的子女更是严加管教，这样的人在今天已经很少见了！

庆祝天津音乐学院建院 40 周年

海河水哺育了“金嗓子”

作为首都门户、九河下梢的天津，不仅是北方工商业重镇，同时又是艺术家的摇篮。其中，尤以歌唱家最为驰名。海河水，哺育了众多“金嗓子”。

“一方水土养一方人”，艺术家的诞生与成长，离不开一定的阳光、土壤和雨露。天津人热爱生活、热爱艺术，懂得欣赏，被称作“戏曲大码头”，而戏曲与音乐又有着千丝万缕的联系。中央音乐学院在天津建校，九年间培养了大量音乐人才，还有专业艺术家对群众歌咏活动的提倡和指导，所有这些因素，无不有力推动了天津音乐事业的蓬勃发展，也催生了一批享誉全国的歌唱家。

其实，早在王莘领导天津音乐工作团时，就非常重视工人业余文艺演出活动。当时，工作团所属管弦乐队和演唱队，经常配合全市开展的生产竞赛运动，深入到工厂、矿山和铁路，帮助工人创作和排练合唱、独唱、歌舞、器乐演奏、独幕话剧等节目。如《红五月联唱》《工人十唱》《纺织舞》《轧钢舞》《码头工人舞》等，由于反映了工人的劳动生活，合口味、接地气，看得懂，好听也好唱，从而受到工人们的欢迎和喜爱。

天津三条石，是天津工业最早的发源地，天津工业的摇篮。过去，由于生产方式落后，工人的生活十分悲惨。民间流传这样一首歌谣：

“铁工厂靠运河，棒子面大粗箩，要抽烟有锯末，要喝水有臭河。”

王莘曾亲临三条石，穿行在狭窄的街道和弯曲的胡同中，感受工人们是如何将过去小作坊式的生产，用“蚂蚁啃骨头”的精神，改造成为能够生产碎石机、龙门刨、钻床、磨床甚至联合收割机这样的大型机械设备的。当他观看由三条石45个中小工厂职工组成的200多人的合唱队，登台表演《三条石的春天》时，不禁被工人同志热情豪迈的气概和对艺术的理解和创造能力感动了、折服了，以至演出结束后，他高兴地向工人们竖起大拇指：“你们创造了一个奇迹！”

《三条石春天》歌本

1959年，天津人民艺术剧院歌舞团从剧院独立出来，成立了天津歌舞剧院，王莘担任首任院长。建院之初，剧院围绕创作和演出方向，产生过争议。有人主张，既然是“剧院”，就应走正规化的西洋歌剧的道路；而王莘则坚持，我们不能排斥西洋的东西，以体现艺术欣赏的多元化，满足人民不断丰富的精神文化需求。但是，中国的歌舞剧院，还是要以民族的歌舞为主，因为，越是民族的东西，也就越有世界性。纵观剧院从成立之初到1964年的艺术轨迹，便可发现：歌舞剧院既成功推出了《货郎与小姐》《西班牙女儿》(蒋祖慧执导)这样的西洋歌舞剧，又创作演出了《石义砍柴》(曹火星作曲)《煤店新工人》(王莘作曲)《义和团》(王莘作曲)《王杰颂歌》(王莘作曲)等作品，其中，民族的歌舞剧占据了优势地位。

王莘还有一个观点:音乐的构成来自语言,尤其与地方话有着千丝万缕的联系。例如山西话,说起来就像唱歌,有音乐的旋律在里面;河北的地方戏皮影戏也是,吸收了大量河北地方话的元素。电影《青松岭》的作曲施万春,便在电影插曲中运用了皮影调。他还主张研究戏曲音乐,因为他发现很多好的音乐家的作品, 几乎都从戏曲音乐中汲取了营养,如傅庚辰的电影《地道战》插曲,就是典型的河北梆子味儿。所以,他在创作小歌剧《煤店新工人》、儿歌《栗子大丰收》时,便大胆借鉴了皮影调的曲风。

对一个艺术剧院来说,第一要抓创作,第二要抓人才建设。王莘不仅重视专业表演队伍建设,重点培养和使用一批从群众剧社带来的顶尖民艺家,如笛子演奏家刘管乐、笙演奏家阎海登、唢呐演奏家尹二喜、尹二文,还特别重视从民间选拔业余音乐人才。天津有个在民间影响很大的活动:天津市职工文艺汇演。汇演每年一届,不仅活跃了职工文化生活,也涌现出不少深受群众喜爱的工人歌手, 其中最耀眼的是于淑珍和关牧村。

于淑珍是天津中大化工厂的一个学徒工, 业余歌手, 当年只有 19 岁。那天,她到群众艺术馆给农民示范演出时,做梦也未想到,坐在台下观看的,有一位擅长识马的“伯乐”——天津人民艺术剧院歌舞团团长王莘。在王莘看来,一个好的歌手未必要经过专业培训,因为艺术这东西很大程度上取决于天赋。于淑珍的嗓音条件很好,质朴、柔润、甜美,适合演唱抒情歌曲。于是,他把于淑珍请到家里,让儿子伴奏,即兴唱了一首歌。

“嗯,就这首吧!”王莘说。他邀请于淑珍参加当晚的一场音乐会,在音乐会上演唱这首歌曲。结果,她在台上一开口,就震住了下面的观众,掌声叫好声不断,连续返场六七次。

演出结束,王莘通知她:“好吧,明天你到歌舞团报到吧!”

幸福来得太突然了,小姑娘一时未能反应过来:

“什么? 调我到歌舞团? 太好了! 可是,我还没跟厂里打招呼呢!”

“这个不用你管，我们会派人去你厂里打招呼的！”

就这样，一个普通工人歌手凭借自己的实力，成为歌舞团一名专业歌唱演员。

十几年后，另一位工人歌手跨入歌舞剧院大门，她就是在天津市职工文艺汇演中崭露头角的女中音歌手关牧村。

关牧村的人生经历充满坎坷与传奇色彩。从小，母亲便支持她唱歌。母亲向一位俄国老太太学过唱歌，唱的也是女中音。是母亲发现和开掘了她的音乐天赋，可惜她十岁时，母亲便过世了。中学毕业后，关牧村考上了天津音乐学院，但因父亲的“历史问题”(实为冤案)未获录取，便到天津钢锉厂当工人。是金子，终不会被埋没。终于，她通过职工文艺汇演脱颖而出，进入王莘的视野。在王莘家里，她演唱了一首施光南的《打起手鼓唱起歌》。一种独特、质朴、浑厚而富有磁性的女中音，立刻征服了聆听者的心。类似的声音，只出现在老一辈歌唱家罗天婵的歌喉中。顺理成章地，她成为天津歌舞剧院专业歌唱演员，与于淑珍“双星拱月”。

说到关牧村，不能不提到另一个人——天津歌舞剧院青年作曲家施光南。在关牧村眼中，施光南是她的“贵人”，也是她成功的最大推手。因为，她所有唱红的歌：《打起手鼓唱起歌》《吐鲁番的葡萄熟了》《祝酒歌》《月光下的凤尾竹》《请到青年突击队来》，都是施光南的作品。不妨说，这些歌曲多是根据她的音域、音色特点，为她量身定制的。二人的合作可谓珠联璧合、相得益彰。

施光南，浙江金华人，中华人民共和国成立后我国自己培养的新一代作曲家。他于 1957 年被中央音乐学院录取，1959 年转入天津音乐学院作曲系，1964 年毕业后分配到天津歌舞剧院。说到他，王莘讲过这样一个小故事：有一次，钢琴家殷承宗(钢琴伴唱《红灯记》、钢琴曲《黄河》作者)应邀来津做报告，现场座无虚席，大家都在认真聆听。而坐在第一排的施光南，却从头到尾闭着眼睛，一副昏昏欲睡的模样。王莘看在眼里，内心十分不安：好不容易请到样板团的人来交流，你却闭着眼睛，未免太失礼吧！于是王莘便用手捅了他一下，意思是：嗨，别打瞌睡了！谁知施光南却一本正经地说："谁打瞌睡了？我认真听时，习惯闭着眼睛；因为我一睁眼，就容易走神！"此种说法，真令人啼笑皆非！事后王莘问他，殷承宗都谈了哪些问题，他回答得头头是道，比别人笔记本里记得都清楚！

"哎，这家伙原来不是打瞌睡呀，真是个绝顶聪明的人！"王莘不禁对他刮目相看了。

这一时期，王莘音乐创作中的一大亮点是，由他作曲的歌剧《煤店新工人》，受到了周总理的称赞，并由北京电影制片厂拍摄成电影。《煤店新工人》是天津歌舞剧院根据红桥区业余创作组同名话剧改编的，讲述了高中毕业生张大志被分配到煤店当工人，觉得丢人现眼，千方百计躲避给高中同学入户送煤。后来，在下放到煤店劳动的煤建公司孙经理的言传身教下，他的思想观念发生了很大转变，认识到工作没有高低贵贱之分，安心地做了一个"煤店新工人"。在音乐创作上，王莘大胆借鉴了唐山皮影调的曲风，赋予这部歌剧浓郁的地域特色。

《煤店新工人》剧本

1965年5月，《煤店新工人》赴京参加华北地区戏剧调演，受到观众和专家的好评。周总理观看了演出，并在演出结束后接见了全体演职人员。当时，他握着主演之一于淑珍的手，亲切地问："你演了几年歌剧了？"于淑珍回答："七八年了！"其实，《煤店新工人》是她演出的第一部歌剧，一激动，竟把从事专业歌手的时间说成演出歌剧的时间。周总理认为,《煤店新工人》是歌剧民族化的成功尝试,内容也很有现实意义,建议拍成电影,让更多观众看到。就这样,《煤店新工人》很快被搬上大银幕,由董克娜执导,李文化摄影,王莘作曲,阵容颇为强大。

1965年王莘创作的歌剧《煤店新工人》演出后受到周总理好评,并指示拍成彩色影片。图为总理与所有演职人员合影

第九章

动荡中的坚持

（1966—1976）

“胜利大逃亡”

20 世纪 60 年代的中国，风高浪急，波诡云谲。

从赫鲁晓夫撤走苏联专家起，中苏关系日趋紧张。

国内经历了“大跃进”和三年困难时期，刚刚开始恢复元气。

1963 年毛泽东发表《满江红·和郭沫若同志》，以浪漫情怀和宽阔视野，纵观天下大势，吹响了反帝反修的号角：

“小小寰球，有几个苍蝇碰壁，嗡嗡叫，几声凄厉，几声抽泣。蚂蚁缘槐夸大国，蚍蜉撼树谈何易。正西风落叶下长安，飞鸣镝。

多少事，从来急，天地转，光阴迫，一万年太久，只争朝夕。四海翻腾云水怒，五洲震荡风雷激。要扫除一切害人虫，全无敌。”

而在国内，阶级斗争和无产阶级专政下继续革命的理论，亦使人感到一种“山雨欲来风满楼”的紧张政治氛围。受这一时期社会氛围影响，王莘先后为毛主席诗词《十六字令》《沁园春·雪》《卜算子·咏梅》《长征》《六盘山》谱曲；与此同时，审时度势地创作了许多歌颂祖国、歌颂英雄、歌颂劳动者的歌曲。在他心中，祖国和人民始终是艺术创作的主旋律。

然而，一场史无前例的“文化大革命”，却将王莘卷进风暴的中心。这一切来得那么突然，那么猝不及防，以至他头脑发蒙，血压升高，情绪低落。他怎么也搞不明白：自己一向忠于党、忠于祖国、忠于毛主席，何时成了“走资派”“反动学术权威”？不错，他是天津音乐学院的副院长，属于当权派，但他从战争年代起，便遵循毛主席《在延安文艺座谈会上的讲话》精神，遵循文艺为人民服务、为工农兵服务的宗旨，创作了大量歌颂祖国、歌颂人民的歌曲；在担任文化机构领导职务时，亦是忠实贯彻党的路线、方针和政策，怎么就成了“走资本主义道路的当权派”？他从来不认为自己是什么“权威”，即使是，也从来都是“解放区派”“歌德派”，与“反动”这个头衔风马牛不相及呀！而造反派是不管这一套的。他不仅被关进“牛棚”，失去了人身自由，而且隔三差五就被拉出去批斗。

王斌看到父亲被批斗十分心疼，他不能眼见父亲遭受这无妄之灾，凭着一股“初生牛犊不怕虎”的精神，他与母亲商议，精心策划了一次“营救”行动。

首先是，将父亲送去何方？王斌想起父亲在宁河县有位农民朋友，联系后对方表示愿意接纳。其次，为了成功“营救”父亲，他找了一个非常要好的同学做助手，一起到音乐学院“踩点”，观察地形。结果发现，距离学院后门七八米处，有一个厕所，是造反派防范的“盲区”；又计算了从学院到火车站的距离，以及骑车所需时间，然后预购了到宁河的火车票。回家后，又准备了一顶棉帽子，一只大口罩。经过缜密安排，“营救”行动开始了。出发前，母亲仍不放心，问儿子：“你有把握吗，千万别弄巧成拙、引火烧身啊！”儿子回答：“老妈，您就瞧好吧！”言罢，他和同学骑车到了音乐学院，悄悄潜入后门，直奔父亲的“牛棚”。“牛棚”里，父亲正吃午饭，身后胡乱摆放着他打扫厕所使用的扫帚、水桶和挨斗时挂在脖子上的大牌子。王斌一进棚，二话不说，夺下他手中的饭碗，拉着他的手便往厕所方向走。王莘还在懵懂之中，就被戴上帽子和口罩。一向光明磊落、遵纪守法的王莘有些愠怒：“你这是干什么？要带我去哪里？”

儿子说：“去火车站，送你到宁河避避风头。”

“怎么能采取这种方式离开？我不能逃避群众运动！”

“老爸呀，这不是逃避，是保存实力。留得青山在，不怕没柴烧。你再这样下去，就被他们整死了！”

“现在的乱只是暂时的，我相信党和国家还有希望，还会好起来的！”

“老爸，我知道您爱国，可是造反派让你爱吗？”

“我告诉你，爱国是不需要理由的！”

王斌见说不过父亲，不由分说，一把将父亲扶上同学的自行车：你们先走，我殿后！就这样，同学在前面骑，他在后面观察，直到确认没有“追兵”时，才与父亲的自行车并驾齐驱。到了火车站，检票，进站，上车，竟分秒不差！分别前，王斌将一盒“战斗”牌香烟塞到父亲手中：“妈妈让我告诉您，多保重身体，我们和您一起战斗！”

就这样，直到王莘登上开往宁河的火车时，造反派还不知道人“丢”了。

王斌送父亲上了火车，飞快骑车返回家中，得意地对母亲说：“‘新四军’转移成功，现在已经安全了！”

看到母亲一脸欣慰的样子，王斌又支招道：“造反派发现父亲失踪了，一定会来家里找，到时候你就又哭又闹，让妹妹她们陪您一起哭闹。你们还可以天天去学校找他们要人！”

这一招果然灵验，闹得造反派都烦了，心虚了，便向全国发布“通缉令”。有意思的是，王斌“大串联”到海南岛，居然也发现了父亲的“通缉令”，不禁笑出声来：你们这帮蠢货，就是跑遍天涯海角，也难寻父亲的踪影！

天上掉下个“贾大爷”

王莘在宁河朋友家过起了“隐居”生活，并取了个新名字“贾大爷”。这是他继上海莘庄之后，第二次隐姓埋名了。所不同的是，他始终坚信：在我们国家，动荡是暂时的，一定会有云开日出、拨乱反正的一天！正是基于这样的信念，他在农村仍豪情不减，笔耕不辍，创作了不少新歌，如《毛主席，我们心中的太阳》(乔羽作词)、《手捧芒果向太阳》《知识青年上山下乡》等。

在宁河，“贾大爷”是以养病名义投亲靠友的，无人知道他的真实身份；而他也“入乡随俗”，很快与农民兄弟打成一片，经常挎一个柳条筐，一只铁耙子，在乡间的小路上拾粪。

俗话说，没有不透风的墙。距离王莘隐居地不远，有个张子铺，张子铺小学有个音乐老师，名唤石瑞生，河北人，自幼喜好音乐，毕业于河北艺术师范学院，因家庭出身不好，被发配到芦台一中任教，后又被再度发配到了张子铺小学。石瑞生多才多艺，尤擅作曲，已有多首歌曲在报纸和电台发表，在当地小有名气。他听说邻村有个拾粪的老头“贾大爷”，从天津来的，平时也不打扮，胡子拉碴的，还教乡亲们演唱《歌唱祖国》，不禁心生疑惑：此人莫非就是《歌唱祖国》的作者王莘？

为了一探究竟，一天，他骑上一辆破自行车，颠颠簸簸上了通往邻村的乡间小路。骑着骑着，忽见对面走过一个人来，定睛一看，正是他要找的拾粪老头！他赶忙下车打招呼："请问，您就是贾大爷吧？"王莘闻听一怔：这荒郊野地里，怎么会有认识我的人？便答："是我。请问你是？"

"我叫石瑞生，是张子铺小学音乐老师。"

"哦，听名字有点熟……"

"让您见笑了，我写过几首歌，在电台播过。"

"对了嘛，我听过，写得不错。"

"过奖了！听说您在村子里教唱过《歌唱祖国》，您认识这首歌的作者王莘吗？"

这一问，弄得王莘好不尴尬。说不认识吧，岂非睁着眼睛说瞎话；说认识吧，就会暴露了身份。他这一踟蹰，便露出了马脚。

"这么说，您就是王莘了！"

王莘只好点点头，看看前后左右无人，便对石瑞生道："千万给我保密呀！"

石瑞生扑哧乐了：这不是天上掉下个"贾大爷"吗！如蒙不弃，以后我就给您当学生了！

俩人越说越热闹，越说越近乎。同为天涯沦落人，相见何必曾相识，不觉产生一种相见恨晚、惺惺相惜之感。

此后，两人有空就凑在一起探讨音乐艺术。王莘喜欢皮影戏，便向石瑞生请教皮影戏的腔调、韵律；而石瑞生则向王莘请教作曲的理念和方法，二人相互学习，亦师亦友。

不久，"文革"的批斗风吹到乡下，石瑞生也挨斗了。斗他时，红卫兵喊出的口号是："打倒反动音乐权威石瑞生！"

石瑞生说："你们太抬举我了，权威我可不敢当！"

"你不敢当谁敢当？"

"拾粪老头才是权威！"此话一出口，石瑞生就后悔了，暗忖：我怎么忘了与老师的保密协议？

“拾粪老头是谁？”红卫兵穷追不舍，顺藤摸瓜，终于找到了“拾粪老头”。到他住的小屋一搜，除了一个破布包，一只半导体收音机和一个钱包外，啥也没有。但红卫兵在翻他的钱包时，却有一个意外发现：里边竟然有一张他与毛主席在一起的黑白照片！

那是1951年，王莘在出席全国政协会时，请毛主席在《毛选》一卷上签名的照片。毛主席给他签名时，他看到有位女同志为他们拍照，签完名便找到她，问：“能不能把照片洗出来，送我一张？”女同志很随和，笑笑说：“可以呀，把你的姓名地址和电话留给我，等照片洗出来，给你寄过去！”事后王莘才知道，这位女同志就是专门给毛主席拍照的“红墙摄影师”侯波。返津不久，他便收到了侯波寄来的照片，从此视若珍宝，将照片装框后悬挂在客厅中，又洗印了一张小的放在钱包里。

在一个拾粪老头身上发现与毛主席合影照，瞬间成了乡间的一大新闻，并惊动了当地公安部门，他们逐级上报，直到市里……

几年后，在秦皇岛举办的一次音乐活动中，石瑞生与王莘相遇了。石瑞生问王莘：

“您知道是谁暴露了您的身份吗？”

“谁呀？”

“是我。”

“噢，原来是你小子！”

“我也是一时失言，不是故意的，还请您多多谅解！”

“谅解什么？我还得感谢你呢！正是因为你暴露了我的身份，他们才发现了我与毛主席的合影照片，才觉得事关重大，不能动他！所以说，是你救了我！”

产妇病房里的小男孩

俗话说："福无双至，祸不单行。"就在王莘到乡下避难时，他的妻子王惠芬又出事了。那段时间，儿子王斌上厕所时，发现纸篓里总有带血的卫生纸。起初，他以为是妹妹们用过的月经纸，但一个月过去了，带血的卫生纸仍未绝迹。当时，他只有17岁，觉得内中定有蹊跷，又不知如何处理，便将这一情况告诉了父母的老朋友蔡叔叔。蔡叔叔是军医出身，一听便听出了问题，说你妈妈不对了，应该赶快去医院检查检查！事不宜迟，王斌当即带妈妈到天津妇产科医院检查，这一查可不得了，医生一脸严肃地告诉他：你妈妈子宫长毒瘤了，必须全切！当年，还没有"癌症"这个概念，所有的癌统称为"毒瘤"。

"那就请您给她做手术吧！"王斌用恳求的目光对医生说。

"不行，我做不了，你要想做，找她！"医生指了指楼道里，一个正在扫地的中年妇女。

"什么？清洁工还能看病吗？"

医生朝他挤挤眼，意思是，能，只有她能。后来他才知道，这个"清洁工"便是天津妇产科医院院长、中国现代妇产科奠基人林巧稚的学生，现在成了"走资派""反动学术权威"。王斌走到"清洁工"面前，向她说明来意，却见对方一副惶恐的表情：

“是他们让我看的吗？我能看病吗？”

“是他们说的。”

“我去问问检查室。”“清洁工”战战兢兢地说。王斌随她一起来到检查室，听她说了一堆“切片检查”之类的话，他也听不懂。

母亲住院了，需要有家属陪床。王斌一想，上面一个哥哥，在北京工作，来不了；下面四个妹妹，年龄尚小，又怕“传染”她们。想来想去，也只有自己最合适了。

于是，妇产科医院住院部里，多了一个陪床的小男孩。

且说当年的天津妇产科医院，条件颇为简陋，七八个人一间病房，不但拥挤不堪，空气亦很污浊。更令人尴尬的是，妇产科病人的病号服只有上衣，不穿裤子，屋里有个十七八的半大小子，女病友们十分不自在，却也无可奈何。只好谁上厕所，便大喝一声：“嘿，小子，趴下！”他就乖乖趴在妈妈病床上，像捉迷藏一样用手蒙上双眼。等人家上完厕所，回到床上，盖上被子，才命令一声：“行了，解放了！”他才能起身、睁眼。

按照医院规定，做子宫全切手术前，必须由患者丈夫签字方可生效。这可难为了王斌——父亲既已“失踪”，就不能让他回来，否则前功尽弃，也不能自圆其说。迫在眉睫，只能对医生撒谎了：

“你爸爸呢？”

“他死了。”

“怎么死的？”

“被造反派整死了。”

一番谎言竟令医生动了恻隐之心。唉，可怜的孩子，爸爸死了，妈妈得了这个病，下面一帮未成年的孩子，除了会哭，别的啥也不会。罢了，就由你代签吧！

手术还算成功。术后便是“烤镭”（放疗），以防“串毒”（扩散）。母亲住院了，难坏了几个未成年的孩子。当时家里窘迫到什么境地？父母都是“走资派”，工资停发了，一家人断了生活来源。无奈之下，大哥从北京趸来一批《北京公社》小册子，二分钱一份，四个小妹妹跑到天津最热闹的劝业场一带沿街叫卖："叔叔阿姨，买一份吧，我妈妈住院了！"叫卖一天，也挣不了几个钱，然后买点粮食，勉强糊口而已。那段时间，真是家徒四壁，日无余粮啊！万幸的是，保姆邢希珍大娘，始终对王莘一家怀有感恩之心，在主人遇到危难时不离不弃，在长达一年时间没有工钱的情况下，每日为孩子和病人做饭、送饭，支撑起这个风雨飘摇的家。

为何家徒四壁？家里的东西都被红卫兵抄走了。最令王莘心疼的，是他半生所积累的资料、日记、曲谱，都被一把大火烧成了灰烬。唯一留下的，是一本《团结反帝大合唱》总谱，是王惠芬从火堆中抢出来的："你们看，这里面都是反帝歌曲，非洲号角，越南抗美斗争，这些怎么算大毒草？"

谁也没想到，在无意间抢下的这个总谱里，竟然藏着一件宝贝！

原来，王莘一直以为，他的《歌唱祖国》手稿在抄家中被一把大火烧掉了。1999年国庆五十周年之际，王斌在主编《王莘歌曲全集》时，偶然发现在幸存的《团结反帝大合唱》总谱中，夹着一张折叠的五线谱，打开一看，不禁大喜过望：竟是1950年王莘用冼星海赠送的自动铅笔和蘸水笔书写的《歌唱祖国》的手稿！五线谱纸上，几滴滴落的墨水痕迹，还依稀可见。由于新中国成立之初，物质条件有限，五线谱是手绘的，整个曲谱是用英语标注的，表情符号(有力地、进行曲速度)则是用意大利文标注的。不仅可看出谱式书写的标准化，亦可看出王莘对外语的娴熟掌握。这件珍贵的具有文献价值的手稿，由王斌代表家属赠予了家乡荡口的王莘纪念馆，让爱国主义精神世代相传。

《歌唱祖国》手稿

《歌唱祖国》骤起风波

王莘“失踪”一年多之后，解放军支左干部翟迎春来到王莘家，态度温和了许多：“你们知道王莘在哪儿吗？我们要成立革命委员会，搞‘三结合’了，想请他出来工作！”

这无疑是个天大的好消息！可是，家人一直谎称王莘失踪了，一直在找天津音乐学院“要人”，现在怎能自打嘴巴呢？于是，只能含糊其辞地说：“听说他在郊县，具体在哪儿不清楚，我们再想办法联系他吧……”

“你们尽快找到他吧，经过我们调查，没发现他有什么大的问题。所谓‘假党员’，属于不实之词。我们准备给他落实政策，重新安排他的工作。”

事不宜迟，王惠芬马上吩咐王斌：“明天你就坐火车去宁河，把这个好消息告诉他，让他先高兴高兴！在乡下藏了这么久，不知憋成啥样儿了！”第二天，王斌坐火车到了宁河，父子相见，王斌一头扎在父亲怀里，流下委屈的泪水。父亲抚摸着他的头，深情地叫着他的小名说：“二牛，我知道你很难，但关键时刻，你成了家里的顶梁柱。父亲为你感到骄傲！”

“您先别夸我。我今天来，是给您报喜来了！昨天军宣队的翟叔叔去咱家了，通知我们，您获得解放了，恢复工作了！”

“啊，是真的吗？终于等到这一天了！二牛，记得我说过的话吗，动荡只是暂时的,国家会一天天变好的!”

“记得记得,您是正确的。当时救您出来,也是万般无奈呀!”

就这样,王莘重新走上了工作岗位,担任了天津市文化局党组书记、副局长一职。在行政领导工作之余,重新拿起笔,谱写着一曲曲新歌。

而宣布“解放”王莘并一直保护着王莘的支左干部翟迎春,与参军后的王斌同在一个部队,他多次对王斌讲:“是你父亲带我走上文艺创作这条路。”的确,他与王莘合作写过不少歌曲,后来担任了北京军区战友文工团话剧团团长,相声演员牛群、电视剧《士兵突击》编剧兰小龙皆为他的部下和学生。

树欲静而风不止。正当王莘想本本分分地履行一个音乐家的使命时,却又一次被卷入政治的旋涡。

1968 年 9 月,天津市革委会负责人之一的王曼恬,忽然通知他到北京钓鱼台国宾馆,说中央首长江青同志要接见他。到了钓鱼台国宾馆,江青正在审看样板戏,等了很久,才见江青从大厅里走出。她穿着一身绿军装,鼻梁上架着一副秀郎镜,可能看戏时间太长,脸上露出一丝倦意。王莘迎上前去,与江青握手。江青说:“你就是王莘同志呀,你的《歌唱祖国》写得很好,就是有点过时了。你为什么不写‘文化大革命’,不写工人阶级领导一切呢?”这个问题提得有些好笑,王莘又不能不答,只得悻悻地答道:“我是 1950 年写的《歌唱祖国》,那时还没有‘文化大革命’。”

“可以改嘛,一定要改!改好了可以做国歌,取代《义勇军进行曲》。因为现在的中国,与《义勇军进行曲》的时代不可同日而语了,已经不是‘最危险的时候’了。何况,它的歌词作者是田汉,他是叛徒、坏人,怎么能用他写的词做国歌呢?”

“江青同志,不瞒您说,聂耳是我的老师,我的歌不如老师的好,老师的歌又短,又好记,我的歌长了一点……”

“你的歌是有问题。歌唱祖国,谁的祖国?是社会主义祖国,还是资本主义祖国、封建主义祖国?不明确。还有‘亲爱的’,一派小资产阶级情调。

我看就改成'歌唱我们社会主义祖国',多么响亮大气!"

王莘尽管心有不甘,却明摆着胳膊拧不过大腿,便不再说话。江青见他不太情愿,便组织她的秀才们改。于是,修改后的歌词,便由原来的:"越过高山,越过平原,跨过奔腾的黄河长江。宽广美丽的土地,是我们亲爱的家乡",变成了:"无产阶级,文化大革命,开创了社会主义新时代。破四旧,斗批改,敢教日月换新天……"歌名也改为《歌唱社会主义祖国》。唉,一首好端端的既豪迈又抒情的歌曲,变成了标语口号式的东西,此刻的王莘是既心痛又无奈。他曾私下里对友人说:"《义勇军进行曲》,无论在曲调和歌词上,作为国歌,是向全世界宣告,中国曾是一个饱受世界列强侵略、欺侮的国家,时刻提醒全中国人民要有忧患意识;冒着敌人的炮火前进,也可以理解永远向着困难前进。我写的那首歌,无论曲调、歌词,都是反映取得胜利后的中国人民,心花怒放地在党的领导下建设祖国的决心的,代替国歌并不合适。"

歌词改完后,江青又命中央乐团合唱队演唱、交响乐队伴奏,并灌制成唱片在广播电视台播放。

逆历史潮流而动,终究不能长久。1976 年 10 月,随着"四人帮"的倒台,中国人民迎来改革开放的新时代。而经江青篡改的《歌唱祖国》,也恢复了 1950 年的版本,重新焕发了生命活力。

无限怀念周总理

在这个伟大的历史时刻,王莘更加怀念敬爱的周总理。他不会忘记,《歌唱祖国》是周总理在新中国成立两周年前夕,亲自签发向全国推广令;是周总理,1964年10月,在中国第一颗原子弹爆炸成功时,亲自指挥大型音乐舞蹈史诗《东方红》演职人员高唱《歌唱祖国》……根据倪维德的歌词,王莘满怀深情地谱写了新歌《无限怀念周总理》:

敬爱的周总理,我们无限怀念你。
你和我们心连心,你和我们同呼吸。
忠于人民忠于党,鞠躬尽瘁战斗不息。
不朽的精神铭刻在心,崇高的品德光照大地……

从延安时期到新中国成立,王莘多次见过周总理。而接触时间最长、印象最深的有五次。

第一次是在延安,他在冼星海的《黄河大合唱》中,扮演"河边对口唱"的"王老七",中央领导出席观看并接见全体演职人员。毛主席、周副主席对文艺工作的高度重视,对艺术家的亲切关怀和指导,给王莘留下深刻印象。

第二次是在晋察冀边区，华北群众剧社为中央首长演出王雪波编剧、王莘作曲的小歌剧《宝山参军》。《宝山参军》写的是土改后期，青年农民宝山在妹妹动员下，打消顾虑，应征入伍的故事。有趣的是，剧中扮演宝山夫妻的曹火星和齐玉珍，在生活中也是一对夫妻。演出后，周副主席接见了剧社的演职员们，与大家围坐一起，谈笑风生，亲如一家。当他看到王莘时，好像忽然想起什么，笑道："你就是《黄河大合唱》里的王老七吧？"王莘一下激动起来："是我，想不到您还记得我！"当王雪波介绍说，《宝山参军》写的是真人真事时，周副主席点点头说："文艺作品所反映的生活，应该比普通的实际生活更典型、更理想、更带普遍性。当然，不是真人真事不能写，而是怎么写的问题。作家对真人真事要进行鉴定和选择，完全照葫芦画瓢是不行的。"谈到进城后文艺工作谁领导谁的问题，有人小声嘀咕说："我们都是土包子。"周副主席听到后，朗声大笑道："不要瞧不起土包子，我们用小米加步枪打败了美蒋的飞机大炮，土包子是可以打败洋包子的嘛！"

第三次是 1965 年，周总理来天津过春节，市委在干部俱乐部举办迎春晚会，王莘率天津歌舞剧院助兴演出。晚会即将结束时，周总理朗声对大家说："过年啦，祝我们的祖国更加繁荣富强。王莘同志，请你指挥我们高唱《歌唱祖国》！"话音刚落，全场便响起一阵潮水般的掌声。王莘挺胸昂首，高扬双臂，兴致勃勃地指挥大家纵情高唱起来。演唱中，王莘惊奇地发现，《歌唱祖国》的三段歌词，周总理不但能一字不差地唱出来，而且发现谁唱错了，还能及时予以纠正。当时，一位男高音歌唱演员站在离周总理很近的地方，一曲终了，周总理对他说："你把第二段唱错了！"一句话把大家说愣了。周总理接着说，"那段歌词是'谁敢侵犯我们就叫它灭亡'，不是'死亡'呀！"大家都为周总理在日理万机的国务活动中，还能熟记一首歌的歌词，感到十分惊讶和由衷地钦佩。于是那个歌唱演员便好奇地问周总理："您怎么对歌词记得这么清楚？"周总理微笑道："我有个秘密呢，在我坐车途中或睡不着的时候，就背歌词，所以我能一字不差地背唱许多歌曲。”

第四次是 1968 年 9 月 30 日晚，周总理要在北京人民大会堂主持国庆招待会。其间，解放军三军合唱队要演唱三首歌，《国际歌》《歌唱祖国》和《我们走在大路上》。当天下午，周总理要亲自听听合唱队排练，并要办公厅通知王莘和《我们走在大路上》作者劫夫陪同。当周总理步入排练大厅时，王莘看到周总理虽神采依旧，却由于国务繁忙以至彻夜不眠，而显得有些憔悴和瘦削，不禁有些心疼。在现场一片热烈掌声中，周总理亲切地向大家挥挥手，随后招呼王莘和劫夫：“王莘、劫夫同志，咱们就坐在地板上听听好不好？”说罢，率先席地而坐，王莘、劫夫分坐周总理两旁。合唱队依次演唱了《国际歌》《歌唱祖国》《我们走在大路上》。演唱毕，周总理起身对合唱队的出色表现鼓掌致谢：“我觉得你们演唱得不错，很振奋人心。是不是《国际歌》可以唱得情绪压低点、深沉点？因为创作《国际歌》时，无产阶级还没取得政权。《歌唱祖国》《我们走在大路上》唱得可以，唱出了中国人民战胜苦难，取得解放，坚决走社会主义道路的气魄和决心。”

周总理请王莘和劫夫发表意见，二人皆表示完全同意总理的意见。周总理向大家招招手道：“好，祝你们演出成功！”

第五次是 1975 年 1 月，王莘作为全国人大代表，到北京参加四届人大一次会议。早在一年前的 7 月，央视新闻报道美国参议员亨利·杰克逊夫妇访华时，周总理在医院、而非国宾馆接见外宾时，便引起王莘对周总理健康状况的担忧。如今，周总理还能像历次人大会议那样，向代表们做《政府工作报告》吗？这成了悬在他心中的一块沉重的石头。一阵雷鸣般的掌声打断了王莘的沉思。只见周总理出现在主席台上，他依然穿着一套银灰色的中山装，胸前别着一枚“为人民服务”的红色徽章，微笑着向全场代表挥手致意。很明显的是，由于疾病的折磨，周总理的身体比以前更加孱弱。他走上主席台中央，向代表们做《政府工作报告》。大约十分钟后，报告忽然停了下来。王莘惊诧地眺望主席台，只见周总理在工作人员的搀扶下缓缓向后台走去。会场上霎时一片宁静,仿佛周围的空气都要凝固了。代表们远望着周总理的背影,像听到口令一样,骤然间爆发了长时间的暴风雨般的掌声。掌声中,洋溢着全国人民对自己好总理的热爱、崇敬和依恋,对他早日战胜病魔、恢复健康的祈祷和祝福。热泪涌出了王莘的眼眶。环顾四周,他发现所有人与他一样,都已泪流满面。

大会最后一天晚上,中央办公厅通知天津代表团到人大会堂,周总理要与大家见面座谈。能与周总理座谈,当然是一次难得的机会。但王莘却感到心如刀绞:总理已经病成这个样子,还要坚持与代表们座谈,真是鞠躬尽瘁,为党和国家的命运与前途操碎了心啊!

当晚,人民大会堂天津厅,周总理在护理人员的陪伴下,缓缓步入大厅,全体代表起立热烈鼓掌欢迎。周总理微笑着挥动双臂示意大家就座。落座后,周总理告诉大家:他已经做过两次手术,手术很成功,身体恢复得也不错,请大家放心。他深情地表示,这次开人代会,应该来看看天津代表团,听听天津代表的意见。因为,我也是天津代表嘛!

周总理在与一些同志交谈后,忽然四处张望了一下,大声问:“王莘同志来了吗?”

王莘起立,回答:“总理,我来了,您好!”

周总理认为《歌唱祖国》的歌词改得并不好。

王莘也这么认为,但下面的话王莘没办法再说下去。在当时那种沉闷压抑的政治环境中,也只有周总理,能在这件事上旗帜鲜明地表达自己的观点和态度。

此刻,王莘又一次热泪盈眶。敬爱的周总理,感谢您作为一个大国总理,对一首歌曲几十年如一日的支持和厚爱。虽然我深知,《歌唱祖国》不是我一个人的创作,表达的也不是我一个人的意志和情感,但您一次次征询我的意见,让我指挥大家演唱,是对爱国主义情怀最生动最有力的弘扬,也是对艺术家的最大鼓舞和尊重!

第十章

踏上新征程

（1977—1981）

夺回失去的时间

热血在激荡，
青春在闪光，
行进在新长征的路上，
歌声在飞扬。
祖国啊母亲听我们歌唱，
我们要用四化为你梳妆。
祖国啊母亲听我们歌唱，
我们要让你展翅飞翔……

王莘与倪维德合作的这首《歌声在飞扬》，表达了粉碎“四人帮”后，王莘的真实心境。作为一名光明磊落的共产党员，他从未对“文革”中的遭遇心存怨恨，也未对“文革”后被当作江青“黑爪牙”进行审查耿耿于怀，好像这些从来没有发生过一样。对江青擅改《歌唱祖国》的霸道行径，他从内心是反感的，不愿屈从的，也没有参与歌词的修改，所以，有什么理由将他与江青扯在一起呢？是非曲直，历史自有公论。他只需挺起胸，昂起头，迈开步，向前看——因为，“新长征”的号角已经吹响，“四化”的蓝图已经绘就，他要撸起袖子大干一场了！

那段时间里，人们看到他无论走路、骑车、做事，都是步履矫健、行色匆匆，节奏很快，充满紧迫感，显然是想把十年中耽误的时间抢回来。

1977 年 5 月，王莘受文化部委派，率领中国艺术团赴日本访问演出。这个时期，正是中国周边环境相对和平、稳定的时期，中国与美国关系解冻，中日邦交正常化，中国在联合国的合法席位得到恢复，国内外形势一片大好。因此，他是把演出当成一次带有“破冰”性质的政治任务来完成的。与中国艺术团同机赴日的，还有日本进步文艺团体“新制作座”，其理事长真山美保是中国人民的老朋友，曾受到周总理的接见和鼓励。

演出阵容也很强大，领衔的是中国“国宝级”歌唱家郭兰英、王昆，以及维吾尔族舞蹈家阿依吐拉等。在东京、大阪、神户、箱根等城市，每当郭兰英唱起电影《上甘岭》插曲“一条大河波浪宽”、王昆唱起歌剧《白毛女》选曲“红头绳”时，都会激起全场一片潮水般的掌声，令日本观众沉醉在中国民族艺术的独特风韵中。而王莘与韩伟合作的一首《我们要世世代代友好下去》，则道出了中日两国人民的共同心愿。

1977 年访问日本时指挥日本友人唱《歌唱祖国》

友谊的春风吹遍大地，
红梅和樱花开放在一起。
友谊的长虹飞架蓝天，
昆仑山和富士山挽起手臂……

在“新制作座”，王莘还指挥日本艺术家演唱了中国歌曲《歌唱祖国》。一群穿着和服的女演员，在一位中国作曲家的指挥下，演唱中国歌曲，这个画风颇具新鲜感，也使王莘亲身感受了两国“一衣带水”的传统友谊，正在绽放出绚丽的花朵，而“民间外交”的作用不可低估。

返津后，一位友人前往王莘家中探访，记录了主人当时的喜悦心情——

“那次他从日本载誉归来，我去看望他，第一眼就看见一幅很大的彩照挂在饭厅对面的墙上，是王老和小六在日本大阪海边的半身合影，父女俩笑眯眯的神态，真让人羡慕。王老高兴地向我叙述了在日本演出的盛况。吃中饭的时候，他还在不停地说。我们说着说着，他突然放下筷子，从衣袋里掏出一个小盒子，摁了两下按钮，从盒子里传出刚才我们聊天的声音。他注意观察我的反应。我惊奇地问：‘录音机’？他笑笑说：‘对，我在日本买的小玩意儿。’后来儿子也跟我讲过类似的经历，说王大大让他听完录音，他不知那是什么东西，呆呆地望着王大大，他越是好奇，王大大笑得越厉害。现在想来，当时年届六旬的王老，心情颇好，童心未泯。”

党的十一届三中全会后，广东作为改革开放前沿所发生的巨大变化，也令王莘欢欣鼓舞。他从儿子大山随中央芭蕾舞团到广东演出后，向他讲述的“广州十分繁荣热闹，已变成大陆的小香港”等见闻中，感受到邓小平的改革开放政策英明正确，深得人心。

1982年，王莘北上长白山，深入延边朝鲜族人民生活，创作了《苹果梨呀甜甜的》：

过路的小伙呀你去哪里，
为何在果园旁徘徊犹豫？
可是那鲜艳的苹果梨吸引了你，
还是姑娘的歌儿，使你着了迷？……

三十年前，他在“雄赳赳，气昂昂”的歌声中，跨过鸭绿江，在纷飞的战火中为“最可爱的人”写歌；如今，用鲜血和生命凝成的中朝友谊之花遍地开放，两个民族的人民，对和平的珍惜、爱情的渴望，可能比从未经历战争的人，来得更真诚、更炽热。

这一时期，王莘创作的歌曲多为聚焦改革开放的，如与翟迎春合作的《邓小平率领我们乘风破浪》《伟大祖国好春光》，与牟工合作的《改革者之歌》，与李幼容合作的《科技战士之歌》，与万卯义合作的《我登上高高的脚手架》，与晓星合作的《中国女排之歌》等。此外，还为少年儿童创作了组歌《欢乐的夏令营》《可爱的小白杨》《升旗》《欢乐的百灵鸟》《少年儿童都爱美》等，受到广大少年儿童的喜爱与传唱。

改革开放，打碎了文化专制主义的桎梏，极大地解放了文艺生产力，艺术家的创作热情空前高涨，被认为是东方的一次伟大的文艺复兴运动。仅以歌曲为例，这一时期就产生了韩伟作词、施光南作曲的《祝酒歌》；柯岩作词、施光南作曲的《周总理，你在哪里？》；张藜作词、秦咏诚作曲的《我和我的祖国》；晓光作词、施光南作曲的《在希望的田野上》；吕远、唐诃的《我们的生活充满阳光》等，在社会上广为传唱，成为历久不衰的经典，其曲作者多是王莘的音乐学院的学生。由此上溯，从延安时期到社会主义建设时期，贺敬之、马可的《南泥湾》；郑律成的《中国人民解放军军歌》；马可的《咱们工人有力量》；卢肃的《团结就是力量》；曹火星的《没有共产党就没有新中国》；王莘的《歌唱祖国》；周巍峙的《中国人民志愿军军歌》；李焕之的《社会主义好》；洪源、生茂的《学习雷锋好榜样》；劫夫的《我们走在大路上》……这些经典歌曲的作者，也都是王莘在延安鲁艺、华北联大的同事和学生。可以说，这是一条现代中国音乐的红线，贯穿着从聂耳、冼星海到吕骥、王莘、施光南，一代代音乐人为伟大时代变革而纵情讴歌的历史足迹。

应该说，王莘迎来了他创作的又一个黄金时期。

“复活”流失的古典音乐

20世纪80年代初。一天，王莘家里来了一位客人——作曲家孟波。早在延安时期，王莘便在鲁艺结识了孟波。新中国成立后，孟波曾任中国音协天津分会主席、天津市文化局副局长，与王莘有过工作关系。1958年，调任上海音乐学院副院长的孟波，在小提琴民族化实验小组为向国庆十周年献礼而报送的创作选题中，独具眼光地选中了优美的爱情传说“梁祝”。由此而诞生了何占豪、陈钢的小提琴协奏曲《梁祝》。因此，王莘与老友一见面，便双手抱拳道：“老兄啊，你们在音乐民族化方面走到前面了，向你学习了！”

“哪里，你们的埙搞得也不错嘛！”孟波回答。

说到“埙”，堪称中国“古董”级的乐器了。它的雏形是原始人狩猎时使用的带空洞的石头。当原始人用石头投向猎物时，石头上的空腔由于气流的作用而产生哨音，这种哨音启发了先民制作乐器的灵感，于是，原始的“埙”诞生了。在新石器时期的红山文化，埙的演奏开始盛行；至秦汉，埙已成为宫廷雅乐乐器中的重要成员。它的外形为圆形、椭圆形和梨形等，有六孔，以陶制居多。其音色朴拙醇厚，低沉悲壮。但近百年来，由于种种原因，埙乐逐渐退出历史舞台，几近绝迹。

1979年，王莘从天津音乐学院器乐专家陈重口中，得知他从红山文

老音乐家(左至右)吴祖强、周巍峙、严金萱、孟波敬酒祝王老身体健康

化的出土陶片中,复原了古制梨形六孔埙的图形,便鼓励他进行学术研究,“复活”消失已久的“埙”,让老祖宗的好东西传承下来。陈重先到唐山的瓷窑试烧瓷埙,但瓷埙吹不出陶埙的原汁原味。于是,王莘又推荐他到江苏宜兴,用紫砂陶土烧制陶埙,获得成功。陈重研制出一种九孔陶埙,既复原了传统陶埙的外形和音色,又增大了音量,扩展了音域,还能吹出音阶和半音,从而丰富了埙的表现力。九孔埙的面世,标志着中国古埙重新获得了生机。张艺谋在电影《大红灯笼高高挂》的音乐中,首度采用埙乐营造故事发生的特定环境氛围,给人以非同寻常的艺术感受。其后,电视剧《康熙王朝》、大型歌舞剧《兵马俑》以及一些地方戏曲中,都出现了大量埙乐作品,埙乐的复兴成为一种独特的文化现象。

在江苏逗留期间,陈重还在春秋时期吴王泰伯陵里,发现了一支用兽骨制作的古笛、一个与缸类似的器物。这两件东西为何埋在一起?有无可能也是一种乐器?经过多方考证,陈重得出一个结论:这件类似缸的器物,便是中国鼓的原型,是古代人“击缶而歌”的“缶”。《说文解字》云:“缶,瓦器，所以盛酒浆，秦人鼓之以节歌。”通俗说，就是秦人以缶做鼓，用敲击它的方式打拍子。多年后，张艺谋在北京奥运开幕式上的“击缶而歌”，想必就是从这个典故中获得的灵感。

1977年，王莘率团赴日演出时，有幸观赏了日本雅乐《兰陵王入阵曲》。兰陵王，本为中国北齐大将高长恭，史载，他武艺高超，却因貌美无以畏敌，于是每逢出阵，必戴狰狞面具，顿生震慑作用。《兰陵王入阵曲》是为歌颂兰陵王战功和美德而作的歌舞戏，一度广为流传，与后世的《秦王破阵乐》齐名。唐朝时随日本遣唐使传入日本，被当作正统的雅乐格外珍惜，却在中国失传了一千三百多年。《兰陵王入阵曲》为一人独舞，表演者身穿刺绣红袍，腰系透雕金带，头戴怪兽面具，在乐队的伴奏下挥舞兵器，移步缓行……营造出一种苍凉、沉郁的艺术氛围。

从那时起，王莘便对雅乐产生了异乎寻常的兴趣。他多次让女儿从日本为他捎带雅乐磁带，饶有兴味地反复聆听、欣赏。

儿子见状，便开玩笑道：“您打了一辈子日本，怎么还听日本的音乐？”

王莘一脸严肃地告诉儿子：“这不是日本的音乐，是我们唐朝的音乐，可惜失传了。我们可以从别人身上，看到自己祖先的影子。老祖宗的东西，丢了太可惜了！我们现在就要想办法把失传的东西找回来，发掘和传承我们民族的宝贵文化遗产！”

众所周知，中国是一个诗和歌的国度，史载，《诗》三百“皆可弦而歌之”，其后的《楚辞》、汉乐府，也多数是可以“弦而歌之”的。至清代，乾隆帝钦定编纂的《新定九宫大成南北词宫谱》（简称《九宫大成》），收录了从公元9世纪到18世纪中国近千年间保存下来的唐宋词、宋元诸宫调、南戏、北杂剧、明清传奇、散曲、宫廷燕乐等各种形式和体裁的乐谱5000余首，被誉为“词山曲海”“天下之宝”。令人遗憾的是，由于历史的原因，尤其是《九宫大成》的记谱方式和记谱符号，与今天有很大不同，严重影响了它的研究和传播。

20世纪90年代后期，担任天津音协名誉主席的王莘，听说他的学生、中国首位词曲学博士孙光军正在研究“九宫大成”，非常兴奋，当即召集天津音乐学院“九宫大成”项目小组开会，阐述挖掘、整理中国民族古典音乐的深远意义。他动情地对大家说，已经失传的《九宫大成》，不能在我们手里继续失传了，我们要以强烈的社会责任感和历史使命感，担负起抢救这一重要文化遗产的光荣而艰巨的任务！

他们的研究不是孤立的。有人已经走在他们前面。他便是河北大学教授刘崇德。刘崇德，工诗文，擅绘画，喜弹古琴、琵琶，兼擅制谱。早年师从黄宾虹入室弟子段无染，是位博学多才之士。他从1994年开始，呕心沥血，废寝忘食，攻克一个个常人难以想象的难关，对《九宫大成》进行了全面校译工作。在王莘的提议下，刘崇德与孙光军合作，1997年，由天津古籍出版社出版了刘崇德主编、孙光军再整理的《新定九宫大成南北宫谱校译》，将原书中的工尺谱全部转换为今天国际上通行的五线谱。这不仅使“天下之宝”得以继承和传播，也为重写中国音乐史带来新的契机。

后来，孙光军从天津音乐学院调入天津师范大学担任艺术学院院长，并在天津师范大学建立了九宫大成研究中心。2002年8月，“中国九宫大成学暨中国首届词曲学国际学术研讨会”在天津师大隆重召开，来自中国、韩国、菲律宾、俄罗斯等国的专家学者与会并做相关演讲，而王莘作为该学科倡导者的身份参加了研讨会。一个跨学科的从文化学角度研究九宫大成学的春天已经到来。

第十一章

与病魔抗争的日子

（1982—2007）

广州突发“中风”

1982年岁末，王莘应邀到广州出席中国音乐家协会常务理事会。经过十多年的“停摆”，这是音乐家协会恢复活动后的第一次重要会议，可谓群贤毕至，少长咸集。活动在广州流花湖宾馆举行，虽已进入冬季，广州仍是花团锦簇，绿树葱茏，阳光明媚。比阳光更明媚的是人心，比南风更清爽的是人情。那些经过战火硝烟的考验，又经过“文革”洗礼的音乐家们，不是师生，便是老友，久别重逢，欢聚一堂，自有说不尽的话，道不尽的情，都是性情中人，微醺时，还会唱上几句。

王莘当然也沉溺其中不能自拔。他的血压本来就高，在天津时，他只要一想写东西，到医务室一伸胳膊，一量血压，医生就得给他开假条——尽管有药物控制，他的血压仍居高不下。俗话说：“烟酒不分家。”他的烟瘾本来也挺大，“文革”之初，他与儿子相约一起戒烟，儿子当他面不抽，背后却偷着抽，他知道后不高兴了，说：“你都当兵了，就不要再抽了。难道你一个小烟鬼还不如我这个老烟鬼有毅力吗？人要有自制能力！”而今，他的烟戒了，酒却没戒。说到酒量，王莘自认为还能喝一点，这次南下广州，“酒逢知己千杯少”，觥筹交错中，不觉有些耳红心跳。席间，他悄悄告诉身旁的王惠芬：

“我怎么感觉右脸有点麻木呀？”

“那还用说吗，你喝了那么多酒，应该全身都麻才对！”

妻子心疼他，不想让他过量饮酒，但面对当时火爆的环境氛围，劝也劝不住。

“不对，我的手也没感觉了……”

妻子这才警觉起来，赶紧找来保健医生。医生看了看王莘：

“您喝了多少酒？”

“我也不记得了，见了老朋友，疯掉了……”

“我给您打一针吧！”

打完针，医生出来对王惠芬说：“我给他打了一针睡觉的药。”

“好好，赶紧让他睡觉吧，省得一个劲儿在那闹腾！”

第二天天一亮，王惠芬发现，王莘的右手、右腿不听使唤了，嘴也有点歪，心想，坏了，昨天以为他是醉酒反应，太大意了！急忙叫来救护车，送往广州第一医院。经诊断，王莘患的是脑梗（中风），而且错过了黄金抢救时间。医生说，这种病没有太好的治疗方法，肯定会有后遗症，也就是人们所说的“半身不遂”。

12 月 27 日，王莘请王惠芬代笔给友人回信说：

在广州接到您寄来的慰问信，心里得到很大的安慰。目前病情已有好转，但右半身仍感麻木。还不能自己行走，现正在进行脑超声波的治疗。当前主要是西医打针、吃药、理疗；中医吃汤药、针灸结合治疗。经过一段时期才能看出它的疗效来。您给我介绍的经验很好，给我很大鼓舞。我自己有信心把病治好，再工作几年。这次幸好和惠芬一起出来，生活上和精神上没有发生很大困难。广东的朋友们对我很热情和关心。天津的领导也派人来看我。这里的气候很暖和，比较适合养病。

第二年春天，王莘出院，医生建议他到从化疗养院疗养，那里的条件比这儿好得多。

于是，王莘被转送到从化疗养院。从化，位于广州以北 75 千米处，是海内外闻名的温泉风景区和疗养胜地，这里的温泉含有丰富的矿物质，对治疗中枢神经系统和脑血管疾病，具有一定调节和辅助作用。

3 月 15 日，王惠芬在写给友人的信中，披露了王莘在从化疗养的情况：

> 三月一号我们出院来到从化温泉干部疗养院。这里的环境很美，山清水秀，窗外就是竹林河流，河对岸就是过去朱老总住过的地方。王莘来后经过半月治疗，效果不错，目前穿衣、吃饭都可以自理了，每天还可以到外边散散步，离开我也能自己走一段路了。现在他的精神很好，食欲开始好转，每顿饭能吃二两了。每天的运动量也在加大。因为我们治疗、看病、吃饭和住处都很分散，无论干什么都得走一段路。所以他每天拄着拐杖东走西走地进行各项活动，自然就加大了体力的锻炼。现在走起路来也开始有劲儿多了，不是东倒西歪的样子了……我们虽然远离家乡和亲人们，但今年春节过得还是不错的，很多老朋友和新病友对我们很关心，请我们到他们家中过年、做客，还送了我们很多当地美食，直到现在也没吃完。南国的春节是非常热闹的，光花市就摆了好几条街，而且整整三天。各种各样的花，令人眼花撩乱。我们也在雨天坐着小汽车游了三个花市，太热闹了，北方是根本看不到这种场面的。王莘的病也大有好转，我们大约六月初就可以回津了！

1983 年 6 月，经过几个月的疗养，王莘夫妇乘火车回到天津。离开时尚步履矫健，回来时却手拄拐杖。性格坚强的王莘难免有些伤感。但他不愿将这种情绪流露给亲人们。因此，车还未进天津，他便在妻子的帮助下，从卧铺车厢缓缓走到车门口，等车一到站，他笑容可掬地站在车门前，用体态告诉迎接他的孩子们：“看，我的身体不错吧，不要为我担心噢！”

一只手，也要写歌

回来了，我又回来了！

王莘在儿女们的簇拥下，回到了他在成都道的博爱里1号大院。从锦州道58号旧居搬到这里，掐指一算，也有将近二十年光景了。人生，真如白驹过隙啊！

这是一个覆盖着青草和绿荫的小院，院子里矗立着一座老旧的欧式小楼，随着时代的变迁，小楼已三易其主：最早是日伪时期一个军官姨太太的住所，室内装修考究，墙纸、油画，一色的名贵家具；从地下室到一、二楼，还装有专门输送饭菜的电梯。中华人民共和国成立后，中央音乐学院聘请了两位苏联声乐专家，便将这幢已经收归国有的小楼分配给专家居住。1959年，苏联专家回国，这里便成了天津音乐学院两位院长缪天瑞和王莘的住宅，缪天瑞住二楼，王莘住一楼。后来，缪天瑞搬走，这里便成了王莘一家的“独门独院”。

据王惠芬回忆，刚搬来时，孩子们很不开心，因为锦州道58号是个大杂院式的筒子楼，孩子多，能在一起玩耍，在这里显得有些孤独寂寞。王莘看出了孩子们的心思，就带着他们在院子里劳动，挖坑、种树、浇水、施肥，如今，小树已经长大，夏天时，可以在树下聊天、乘凉了。

院子还是那个院子，家还是那个家，人还是那些人，而王莘的心境还是发生了微妙的变化。患病之前,他从未担心自己的健康问题,更未想到会留下这讨厌的后遗症。也许,人只有在失去健康时,才懂得身体的重要;也只有在失去对身体的支配时,才渴望自由的行走。现在,他不得不面对的现实是:他的右手是僵硬的,连一支笔也捏不住,他的右腿也是僵硬的,走路一瘸一拐的,需要搀扶和拄杖。但艺术家是耐不住寂寞的。他渴望到自然中去,到生活中去,呼吸新鲜空气,捕捉创作灵感。为了满足他的这一要求,家人给他雇了个保姆,买了辆小三轮,天天拉着他到处转悠。为了防止摔跤,家人用铁管在楼道里安装了一行护栏,放下拐杖时,他可以扶着栏杆缓慢地移动自己的身体。

当然,王莘最割舍不掉的,仍是写歌。一只手,我也要写歌!王莘在内心深处激励自己。

右手不行,他试着用左手写。左手也不听使唤,写出的东西歪歪扭扭,像是天书,谁也看不懂。久而久之,他有些绝望了,脾气也变得暴躁起来。王惠芬说:"你没有手还有脑子,你的手不能动还有我的手。你想写什么就说出来,我来帮你记录。"于是,每当他想写歌时,妻子便手持一个儿童用的写字板,一个唱出声调,一个记下音符、节奏,"翻译"整理出来。起初,两人配合并不愉快,毕竟,隔行如隔山,王莘的有些构思她领会不了,想表达的音律表达不准确。没办法,王惠芬就找来他以前写的日记,在报刊上发表的文章,揣摩他的创作方法和思路,渐渐地,她走进了丈夫的音乐世界,帮他完成了一些新歌的创作。此外,他的儿女们也为他记过乐谱。

而对王莘晚年的音乐创作帮助最大的,当属他"文革"中遁身乡下时结识的石瑞生。

翻开《王莘歌曲全集》,你会发现,他患病后创作的绝大多数歌曲,署名都是"王莘、石瑞生曲",可谓配合默契、珠联璧合。为何?因为两人有共同的语言、共同的兴趣爱好,除了音乐,王莘的书画造诣颇深,石瑞生当过美术老师;在乡下时,他俩便经常交流切磋,可谓"心有灵犀一点通"。

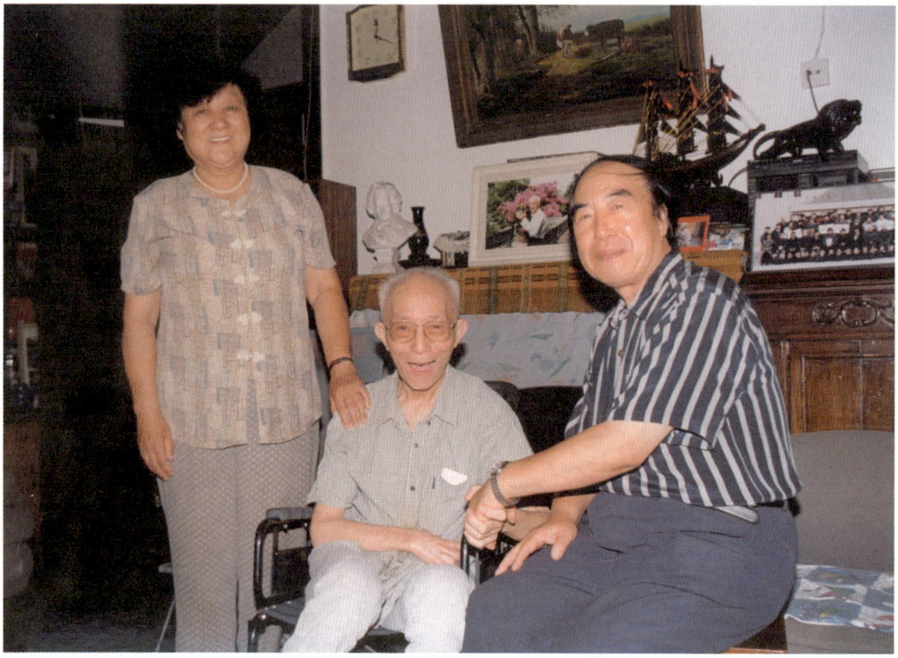

与学生石瑞生及夫人庄以文合影

艺术家的创作过程很奇妙，有时灵感一来，必须马上抓住，否则，很快会从自己脑际流失。王莘就是这样。不管白天还是夜晚，只要他心血来潮，灵光乍现，马上招呼王惠芬："快，给石瑞生打电话！"

石瑞生是个听话的学生，总是招之即来："老师，您又有想法了？"

"是的，劳驾你黑灯瞎火的跑一趟，我想写个新歌。"什么内容，什么风格，民族的还是美声的，大调还是小调，他先示范一下，哼唱个大致的调子；石瑞生听明白了，然后回家去写。写完，唱给王莘听。如果王莘点头，说明通过了；如果王莘不但点头，还笑得很灿烂，说明老师非常满意；如果老师听了摇头，那就二话不说，回去修改，直到老师首肯。久而久之，两人的思维方式越来越接近，心灵律动越来越合拍，情感交流越来越融洽，实现了一种近乎完美的无缝对接。这时，他们的合作已从必然王国走向自由王国。以致后来王莘病情加重，发声已经很困难时，石瑞生仍能从他的哪怕一个眼神、一个表情中，猜想到他想要表达的主题或情境。

王莘还给石瑞生布置了一个“硬任务”：到社区去、到学校去、到工厂去，深入生活第一线，为最基层的群众写歌，写接地气的歌、鼓舞人心的歌，“八荣八耻”的歌，反腐倡廉的歌……总之，国家提倡什么就写什么，百姓需要什么就写什么。

有人说，现在已是流行歌曲的天下了，尤其年轻人，喜欢港台歌星，喜欢邓丽君，您提倡的那些歌，已经不合时宜。

听到这样的言论，王莘很生气：“没人坚持，我坚持！别人的事我管不了，管我的学生，叫他们写好歌，总是可以的吧！”

是啊，一个好的成熟的艺术家，应当有自己的格调、自己的操守，而不能一味地追风、媚俗。

石瑞生也力挺老师：“作为一个草根音乐人，我听从老师的教诲，我相信他的话是真理！”

有一次，天津视力障碍学校校长邀请王莘为他们写一首《盲校之歌》，王莘欣然允诺，当即让王惠芬用轮椅推着他，到视力障碍学校体验生活。在视力障碍学校，他看到盲童们天真活泼，与正常孩子没什么两样，只是看不到外面的缤纷世界。但他们的内心并不寂寞，感情并不贫乏，他们需要的是树立信心，战胜自我。于是，他与石瑞生合作，谱写了一首《战胜自我·盲校之歌》。

我在幽暗的世界中，
感受到灿烂的光明。
众多的爱让我远离孤独，
师生情营造出温馨的大家庭。
在顽强的磨练中成长，
在不断的挫折中成功。
自强不息，拼搏进取，
去创造平凡而辉煌的人生。

与视力障碍学校师生在一起

还有一次，河北区新开河街办事处写了一首《婚育新风进社区》，想请王莘谱曲。王莘写歌，对歌词作者从不问出处，不管专业或业余，老叟或小童，只要内容健康向上，鼓舞人心，从不拒绝。于是，他与石瑞生合作，不但为《婚育新风进社区》谱了曲，还为之设计了"女声表演唱""手持竹板欢快喜悦的说唱风格"，结果在社区表演后，受到居民的欢迎和称赞。他们想不到，像王莘这样的大作曲家，居然能带病为基层群众写歌，其高尚的人格魅力令人感动和仰慕。

王莘的一生，热爱生活，热爱自然，乐观向上，求知欲强，即使患病之后，也未停止"读万卷书，行万里路"的步伐。在妻子陪同下，他一次次拖着病体，到全国各地参加会议、观摩采风，足迹遍及东三省、四川、广东、山东以及革命圣地延安、西安八路军办事处和家乡无锡荡口……不仅是故地重游，也当作一种康复训练。

1993 年，他在参加 20 世纪华人音乐经典系列活动中，与冼星海的女

1993 年，与恩师冼星海之女冼妮娜(左一)合影

1993 年，与王洛宾(1937 年结识的老朋友)、王立平合影

儿冼妮娜、“西部歌王”王洛宾久别重逢,不禁百感交集。冼星海是他走上音乐创作之路的导师,从延安鲁艺一别便成永诀;他用导师送他的自动铅笔,写出了传世经典《歌唱祖国》,完成了导师的愿望和嘱托。如今,见到导师的女儿,回忆当年在延安窑洞中为老师抄写歌谱的时光,自然是充满敬重与怀念之情。他与王洛宾相识于五十年前,当年,王莘在西安八路军办事处安排下,与另一位进步青年一起,到西北军教唱抗日救亡歌曲。那位进步青年便是王洛宾。完成教歌任务后,王莘去了延安,王洛宾则在青海、甘肃、新疆一带收集西北民歌素材,创作了《在那遥远的地方》《半个月亮爬上来》《达坂城的姑娘》《掀起你的盖头来》等大量耳熟能详的优美歌曲。此番相会,两人都已垂垂老矣,叙起别后各自的坎坷人生经历,自是不胜唏嘘,感慨良多。此时,两人并肩而坐,挎着胳膊,亲如手足,正如两坛窖藏陈酿,时间愈久,愈散发出浓郁而清醇的酒香。

也是这一年,王莘随中央电视台“心连心”艺术团到四川演出,当舞台上响起《歌唱祖国》的前奏曲时,王莘非要王惠芬推着轮椅送他上台,用他瘦弱的左臂,指挥全场高唱《歌唱祖国》。王惠芬则在他身后挥起双臂。听着台下铿锵有力的歌声和潮水般的掌声,她的眼睛湿润了……透过面前这个与自己最亲近的人,她感到了精神的力量、信仰的力量,是可以穿越时空,无往不胜的!

《三笑》促成的基金会

尊一声二奶奶，听我表一表，

华安本是块好材料，

从小宝护金，长大金护宝……

这些日子，王莘在院子里，大街上，到处听到孩子们哼唱这首歌，女儿的两个孩子也跟着唱，觉得很奇怪，便问：

“你们唱的什么歌呀？”

“《三笑》！”孩子回答。

“什么《三笑》？”王莘一脸的懵懂。

“爸爸，《三笑》是一部香港电影的片名，里边有很多好听的插曲，大家都爱学唱！”女儿解释道。

“孩子们都唱这个歌吗？”

“是呀，幼儿园阿姨教的！”

王莘一听，鼻子都要气歪了。这么轻浮奢靡的歌，居然成了少年儿童的流行歌曲！

其实，《三笑》作为一部娱乐性较强的轻喜剧片，片中的音乐吸收了江浙一带地方戏曲的元素，也还算婉转动听，在改革开放初期对文化如饥似渴的状态下，风靡一时也不难理解。但在王莘看来，如果满大街飘荡的都是这样的歌，尤其是少不更事的孩子们也着了魔似的追捧，就是个值得忧虑的问题了！

第二天，王莘把王斌叫到身边，叹了口气，心情沉重地说："我准备把我的钱都捐出来，成立一个奖励基金会……"

"老父，您知道什么叫基金会吗？就是把您的钱都捐出去，用每年的利息来发奖。您要奖励谁呀？"

"谁写好歌就奖励谁！"

仔细一问，才知父亲发脾气的诱因，竟是因为一首《三笑》的电影插曲！

"老父，您这样做，是否有点小题大做了？"

"绝对不是，这些人写的什么歌呀，让孩子们天天唱这个，这不是误人子弟吗？"

好吧，儿子不敢违背父意。但转念一想，父亲两袖清风，节俭了大半辈子，总共才有五万多存款，怎么舍得一下都捐出去？谁不知道，他一个大院长、大局长，无论春夏秋冬，风里雨里，都是骑着一辆陈旧的日本富士自行车上下班。他头发长了基本不去理发店，而是由孩子给他修理"门面"。吃饭时，他碗里没有一点剩余的米粒，落到餐桌上也要拣起吃掉。有一次午饭后，他从座位上站起，扶着墙慢慢往前移动，有人要扶他，他摆摆手。只见他走到一个地灯跟前，拉了一下开关，把灯关掉了。孩子说，您说一声我们关就是了。他回答，我说过多少次了，你们总是不在意。家里的小修小补，也是他亲自动手。有人亲眼见他修理厕所的下水道，扳子、钳子、铁丝摆了一地……就是这么一个"抠门"的老父，为了鼓励好歌创作，居然要将全部身家奉献出来，这是怎样的一种胸襟与境界啊！

成立基金会，需注资的起点是十万。老父只有五万多，差额部分，就只能动员全家"集资"了。

而儿女们对老父亲的这一举动，却持有不同态度。

1994 年王莘夫妇拿出了自己全部积蓄在子女的帮助下成立了王莘歌曲创作奖励基金会，鼓励广大音乐工作者投身爱国主义歌曲的创作，右一为市领导石坚，左一为万卯义，左二为王巍

有的公开反对："老父疯了吧，平时那么会过，现在却要把钱都掏出来，谁写好歌奖给谁？"

有的表示质疑："成立基金会，评奖，是件很麻烦的事，老爷子身体又不行，谁能肩负起这么繁杂的工作？"

王斌想，大哥在北京，属于工薪阶层，不会有多少存款，我是老父身边的儿子，必须倾其所能帮助老父。他在部队工作，存了点钱，本想买房交个首付的；现在老父急用，只好经夫人同意，捐出了两万块钱。两个妹妹从国外寄来四千美元，好歹凑了九万多块钱。但在咨询成立基金会的相关手续时，才得知除了十万基金，还要缴纳两万抵押金！王斌一听脑袋又大了：老爷子的愿望还是实现不了！

回家又问父母："钱不够呀，你们手里还能再挤出一点吗？"

母亲面露难色："儿呀，我的话你还不信吗？真的没有了！"

父亲忽然想起什么，一拍脑门，大声道："公债！公债！"说着，取出了自己压箱底的国库券，加在一起也就一万多元。当时，国库券尚未到期，无法兑现。王斌只好拿到部队，半是"忽悠"半是强迫地分摊给战友们，又东拆西借地凑够了两万元现金，终于将基金会成立起来了。

基金会全称"王莘歌曲创作奖励基金会"，基金会主席王莘，副主席王斌等，秘书长王惠芬。基金会的宗旨有三：一、奖励优秀歌曲创作；二、奖励从事基础音乐教育人才，尤其是农村音乐教师；三、奖励音乐学院贫困学生。

接着是征歌，评选，颁奖，一切按部就班。评选是在王莘家的地下室进行的。评委都是天津音乐界重量级人物，评委会主任是肖云翔。入围作品，一件一件筛选，十分认真。在此期间，还发生了一个有趣的小插曲。据

王莘歌曲创作奖励基金会的部分工作人员。当时王莘任主席，张福清(左一)、刘恒岳(前左一)、王斌(右三)任副主席，王惠芬(右四)任秘书长，杨延龄(右一)、王少彬(后右二)为副秘书长

石瑞生回忆：

“在我们征集的歌词中，有一首《我家住在杨柳青》，我和王老都为它谱曲了。评选时，我把我写的歌给大家唱了一遍；问到王老时，他告诉我说，你的歌采用了杨柳青民歌风格，与歌词内容更贴，更有地方风味，我一听你唱完，就把我的歌谱撕巴撕巴装兜里了！”

结果，石瑞生作曲的《我家住在杨柳青》，经刘玉婉演唱后，在全国36家电视台播出，风靡一时，同时荣获了首届“王莘歌曲创作奖励基金会”一等奖。

首届“王莘歌曲创作奖励基金会”颁奖会在中国大戏院举行。这是一次音乐界的盛典，不仅天津市有关领导出席道贺，时乐濛、刘炽、陈强等王莘在延安鲁艺时期的老同学也专程从北京赶来助兴。战争时期曾任《晋绥日报》编辑的石坚，对当年王莘在晋察冀边区创作的歌曲《战斗生产》，记忆犹新，兴之所至，竟当场带领边区老同志一起引吭高歌：

战斗生产，战斗生产！
晋察冀边区越打越勇敢
生产啊拿锄头，
战斗啊拿枪杆
……

歌声中，王莘仿佛又回到1943年秋，日寇对冀察冀边区实行“铁壁合围”式大扫荡，根据地人民一面灵活机动地打击敌人，一面组织抢收秋粮的情景。当时担任华北群众剧社副社长的王莘，配合斗争写出了歌曲《战斗生产》。没想到这么多年过去了，石坚仍记得这首歌的歌词和曲调，足见老一辈革命家对红色传统的珍视与传承，也表明一首好歌，是不会随着时光的流逝而销声匿迹的。

说到时乐濛、刘炽、陈强，艺术爱好者一定不会陌生：时乐濛是大型音

1994年，市领导刘峰岩(右一)、肖元(右二)亲临现场祝贺，并为基金会揭牌。

乐舞蹈史诗《东方红》的主创之一，还写过《歌唱二郎山》《长征》等歌曲；刘炽的代表作有《我的祖国》《英雄赞歌》《让我们荡起双桨》等，曲曲皆为经典。至于陈强，则是个“半路出家”的电影演员，主演的《白毛女》《红色娘子军》家喻户晓。为何说他是“半路出家”呢？原来，王莘与时乐濛、刘炽、陈强早在延安时期便相识了，当年，他们都是人民音乐家冼星海的学生，同在延安鲁艺音乐系学习。后来，有位戏剧导演看中了陈强，说他长得像地主老财，适合演反面角色，便把他调入鲁艺戏剧系。他饰演的第一角色，便是歌剧《白毛女》中的恶霸地主黄世仁。所以陈强与王莘等故友一见面，便半是埋怨、半是自嘲地笑言：“你看，要不是当年那家伙看我像地主，把我调离音乐系，我和你们一样，也成了中国响当当的大音乐家了！当年在鲁艺音乐系，你们写过歌吗？没有吧！可是，我写过……”说着，他便用纯正的陕北民歌腔调唱了起来：“山药蛋呀吗，哒呀嘿，打日本呀吗……”唱罢，他接着说：“从那开始，老一辈人叫我黄世仁，小一辈的叫我南霸天，我成了过街老鼠，差点儿挨了战士的枪子儿，连小孩子都朝我扔过石头！……”一席话，逗得大家捧腹大笑，现场气氛顿时活跃起来。

在颁奖环节，有关领导和嘉宾分别向一、二、三等奖获得者颁发了奖状和奖金。引人注目的是，基金会还特别奖励了五名乡村小学音乐教师、六名音乐学院贫困学生，令他们感激涕零，也充分体现了对基础音乐教育的重视与扶持。基金会的歌曲创作评选活动坚持了三届，之后随着形势的变化，王莘又赋予基金会工作新的内涵：帮助太行山区贫困孩子上大学。

事情的原委是这样的：

20 世纪 90 年代末，平山遭遇水灾，王莘闻讯，亲自组织了一个民间艺术团赴平山慰问演出。出发前，大家自愿捐款购买了三个集装箱的方便面随团运抵平山，以解灾区人民的燃眉之急。演出期间，王莘听说太行山区很多娃子因缴不起学费，而被大学拒之门外，这使他顿生焦虑、感同身受。遥想当年，自己便是因为家贫，缴不起学费，才被迫放弃学业，前往上海打工的。他深知这些娃子只有走出大山，才能改变自己的命运，有机会成为国家未来的栋梁。巧的是，这些娃子中，就包括战争时期他在曲阳的老房东的孙子。当年，妻子怀孕想吃东西，无奈之下，“偷食”了房东的山芋。虽然只是几块不值钱的山芋，但多年来王莘一直心怀愧疚。如今，“还债”的机会来了。他当即与家人一起，筹措了八千块钱，亲自前往曲阳捐给老房东的孙子。谁知此行却在当地引起轰动：天津来了位大作曲家，给上不起大学的娃们捐钱来了！消息一传十，十传百，《河北日报》《河北画报》等媒体竞相采访报道，无意间把声势搞大了。结果，上至县委书记，下至机关干部、农民企业家，纷纷慷慨解囊，奉献爱心，几天工夫，便解决了全县几百名大学生的学费问题。一个音乐家的行动，居然有这么大的影响力和感召力，一时传为佳话。

结束演出返津时，有一次路过一个村庄，王莘见路边有一个残破的辘轳，可能是发水时冲到这里的。便对随行的儿子王斌说：“把这个装到车上去！”

王斌感到莫名其妙，很不情愿地说：“拉个破辘轳干嘛，头儿都断了，脏兮兮的，装到车上，后备箱都盖不上了，还得用绳子拴上。要拉也得拉个好的呀！”

王莘情绪有些激动地说：“你不要小看这只辘轳，当年日本鬼子到村里扫荡，到处搜捕共产党和八路军，我们十来个武工队员和村干部藏到一口井里。鬼子撤退后，我们被人用辘轳摇上来，躲过了一劫。你别看它现在被丢弃路边，它可是革命的功臣，不应该受到冷落啊！”

王莘把辘轳运到天津后，在自家院子里做了一口假井，将它安装在井旁，来了个“情景再现”，以表达对当年战争生活的怀念。

2003 年，一场突如其来的“非典”横扫了华夏大地，看到电视屏幕上全国人民同心同德抗击疫情，“白衣天使”不顾个人安危奋力抢救生命的画面，王莘不禁热泪盈眶，心潮起伏，一个新的设想在他头脑中萌发了。他当即让王惠芬打电话给石瑞生。很快，石瑞生出现在王莘面前：“老师，您又有新歌了，是不是抗击‘非典’的？”

“小石呀，算你聪明！不过不是他写，而是动员大家都来写。”王惠芬替丈夫道。

“都动员谁呢？”

“当然是我们熟悉的老作者。你告诉他们，要在最短时间里，创作十首抗击‘非典’的歌曲，我们要出版一个专辑，献给战斗在一线的白衣战士们！”

石瑞生“得令”后，火速将王莘的计划传达给万卯义、胡玉兰、冯国林、刘宝海、朱胜民等词曲作者。这些作者真的很给力，不到半个月时间，便写出 19 首新歌。其中，有从正面歌颂抗击“非典”斗争的独唱歌曲《春风激荡爱在身边》：

随风飘来的不是战争的硝烟，
一片乌云遮住了阳光和笑脸。
这是人类与大自然无声的战斗，
这是生命在维护自己的尊严……

也有通过孩子的视角,歌颂白衣战士的《我哭了又笑了》:

我的爸爸妈妈,他们都穿白大褂。
日夜治SARS,好久没回家。
爸妈抽空打电话,
夸我是勇敢的小红花……

不料,歌曲只录了五首,便"卡壳"了。原因是,录制专辑的全部费用,都是王莘自掏腰包,而进棚录音、请歌手演唱及后期制作都需要经费。现在,前期费用已经花完,不得不通过媒体,寻求社会的支持。在接受采访时,王惠芬吐露了她的苦衷:"王莘歌曲创作奖励基金会成立后,多次为贫困学生捐款,经费上早已捉襟见肘。他的生活很清贫,也从未接受过社会赞助。王老希望通过媒体的宣传,能让一些企业为这项公益事业奉献一份爱心。"其实,她的要求并不高,只要再有三万元就可以了。最终,在一些爱心人士的帮助下,《万众一心众志成城——王莘抗击"非典"新歌创作专辑》如期出版,并赠送给北京小汤山等医院的"白衣天使"们。

在基金会成立3周年大会上左一陈强(延安鲁艺时同学)右二田华(华北联大时的学生)前来祝贺,并表演节目

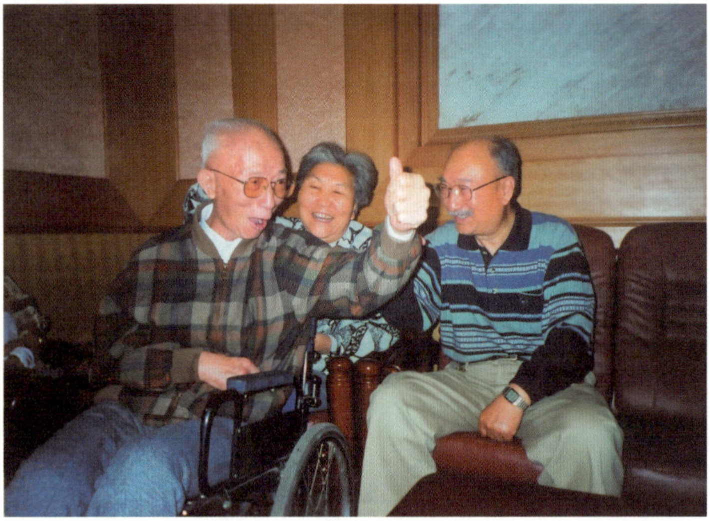

王莘与陈强曾是延安鲁艺音乐系的同学,他们都是冼星海喜爱的学生。《星海全集》中“星海日记”里曾多次同时提到他俩的名字

延安鲁艺音乐系同班同学相聚王莘家，左一刘炽、左三时乐濛、右三陈强、右二沙莱

王莘与陈强亲切交谈

“金钟”鸣响华彩乐章

如果说，人生是一部交响乐的话，那么，对王莘来说，荣获首届中国音乐“金唱片奖”和首届中国音乐“金钟奖”“终身荣誉勋章”，便堪称他人生的巅峰时刻、华彩乐章了。

2001 年获中国音乐家协会颁发的首届金钟奖之“突出贡献老一辈音乐家奖”，并被授予“中国音乐”金钟奖——终身荣誉勋章。

“金唱片奖”被称为中国的“格莱美”，是我国音乐界的国家级大奖，从1989年创立以来，已奖励了几百名在本土音乐、戏曲创作和表演中成就斐然的艺术家。1989年，王莘与李焕之、何占豪、陈刚、乔羽、刘炽、施光南等音乐家，梅兰芳、程砚秋、常香玉、新凤霞、郭兰英等表演艺术家一起，荣获了首届“金唱片奖”。

中国音乐金钟奖创办于2001年，是由中国文联、中国音协共同主办的音乐专业奖项，与戏剧梅花奖、电影金鸡奖、电视金鹰奖并列的国家级艺术大奖。首届金钟“终身荣誉勋章”授予了吕骥、孙慎、李凌、李德伦、周小燕、周巍峙、缪天瑞、瞿希贤、王莘、时乐濛、沈亚威、孟波、卢肃等27人。

作为金钟奖的发起人，时任中国音协名誉主席的傅庚辰接受媒体采访，谈及终身成就奖的评定标准时，特别举出王莘的例子：“像《歌唱祖国》的作者王莘，他半身不遂，上台指挥大家唱歌，只能用半边胳膊指挥……看到王莘那样了还在指挥，内心非常感动。”而更令他感动是，他在为王莘授奖时发生的一幕。

首届“金钟奖”颁奖会是在河北省廊坊市举办的。王莘因身体原因，由傅庚辰亲自到王莘下榻的酒店为他颁发。当时在场的有王莘夫妇、儿子王斌和儿媳小华，以及一屋子媒体记者。当傅庚辰代表“金钟奖”组委会，将金光闪闪的勋章挂在王莘脖

中国音协主席傅庚辰祝贺王莘获首届金钟奖终身荣誉勋章

获得金钟奖后王莘与周小燕互赠礼物

子上时，王莘马上摘下来，挂上，又摘下，傅庚辰感到困惑不解，说："王老，您先把勋章戴上，等记者们照完相再摘下来，好不好？"王莘指指身后的小华说："没有她，早就没有我了，应当给她戴上！"小华瞬间泪奔，当即俯首劝慰道："老父，您先戴好，一会儿我一定戴上！"王莘这才让傅庚辰将勋章戴在自己胸前。

王莘为何要将勋章戴在小华身上呢？

原来，小华分娩时，正是唐山大地震震后，王斌在部队执行任务未能返津，是婆婆王惠芬去医院陪伴的。出院后，小华住在临建棚里，得了产后风，高烧41℃。按民间说法，"产后风，九死一生"。危急时刻，小华的母亲半夜三更去找亲家求援。王莘闻讯，心急火燎，只在内衣外面披上一件棉大衣便跑到街上。时值十冬腊月，寒风刺骨，好不容易找到一台公用电话，叫来救护车，把小华送往医院抢救。所以，小华一直对公公抱有感恩之心，将他视若亲生父亲。在王莘第二次发病，出院后不能自理，吃喝拉撒都需有人照顾时，小华便承担了大部分照料病人的工作。有一次，王莘的好友田华、陈强在他家做客时，亲眼看到小华一口一口地喂他吃饭，喂得稍快了一点，他就皱起眉头，口出怨言。令一旁的田华看不过去了："哎呀，王老，您的命太好了！我有三个儿媳，跟你换一个怎么样？"王莘得意地笑了，摇摇头说："不换！她不是我亲生，但比我亲生的还亲！"又对王斌道："你要好好对待小华。她身上有很多平民的优点，朴实、单纯、不浮华。你这辈子的最大成就，是为我找了个好儿媳！"

一枚勋章，还要分给儿媳一半，这就是王莘为人处世的风格，正如他一向淡泊名利，把自己的一首百年经典《歌唱祖国》，看成是集体创作一样。

另一位被王莘感动的人，是曾任中央政治局常委、国务院副总理的李岚清。

2005年4月，李岚清专程来天津看望王莘。李岚清告诉王莘，1951年，他在复旦大学读书时，参加了上海大学生歌咏比赛，选唱的歌曲就是王莘最新创作的《歌唱祖国》，还获得了第一名。他当时唱的是二声部。为什么要选这首歌呢？因为那时刚解放，我们会唱的多是抗日战争和解放战争时期的歌曲，歌颂中华人民共和国的歌还为数不多，一下子发现了这样一首好歌，大家都很兴奋，很自然地就选择了它。

在其后出版的《李岚清中国近现代音乐笔谈》中，李岚清记述了这次会面的感受——

我国的国歌《义勇军进行曲》在国人心目中是非常神圣和备受喜爱的。而在广大人民心目中，《歌唱祖国》实际上已占据了第二国歌的地位。2005年4月，我专程前往天津看望了王莘同志。令人感动的是，王莘同志因中风偏瘫了二十多年，虽然已失去语言表达能力和右半身肢体动作的功能，但他那颗热爱祖国、热爱人民、热爱党的炽热之心以及作曲家的高度责任感，使他克服长期疾病给他带来的痛苦，仍用被称为"音乐脑"的大脑右半球产生的乐思，指挥他的左手继续作曲。从这方面说，比起西贝柳斯来，王莘同志更值得人们对他的崇敬！

书中，还附有一幅李岚清为王莘画的素描肖像，以及书法和篆刻作品，表现出深厚的艺术造诣。肖像旁的题诗为：

五星红旗迎风飘，
胜利歌声响云霄，
心潮澎湃作一曲，
歌唱祖国成国宝。

2006年11月24日，李岚清在《光明日报》发表了一篇文章《我们不能不知道〈歌唱祖国〉的词曲作家——王莘同志》，文中写道："有许多歌曲，你问人们是谁演唱的，不少人都能说出若干歌唱家的名字；而问是谁创作的，能答出来的人就很少了。然而，对于一首好的歌曲来说，词曲作家所起的作用是根本性的和最重要的。演唱这些歌曲的歌唱家可能成百上千，而作曲家只有一个。他们的名字应当与他们创作的歌曲一起，永存在人们的心中。这也是我要专门写《歌唱祖国》的作者——优秀的音乐家王莘同志的原因。"

这是一位前任党和国家的领导人、也是艺术家的李岚清同志对王莘准确而中肯的评价，同时也为那些身居"幕后"的艺术家们说了公道话。

是的，人民不会忘记他们，他们的名字将镌刻在人民共和国的艺术史册上。

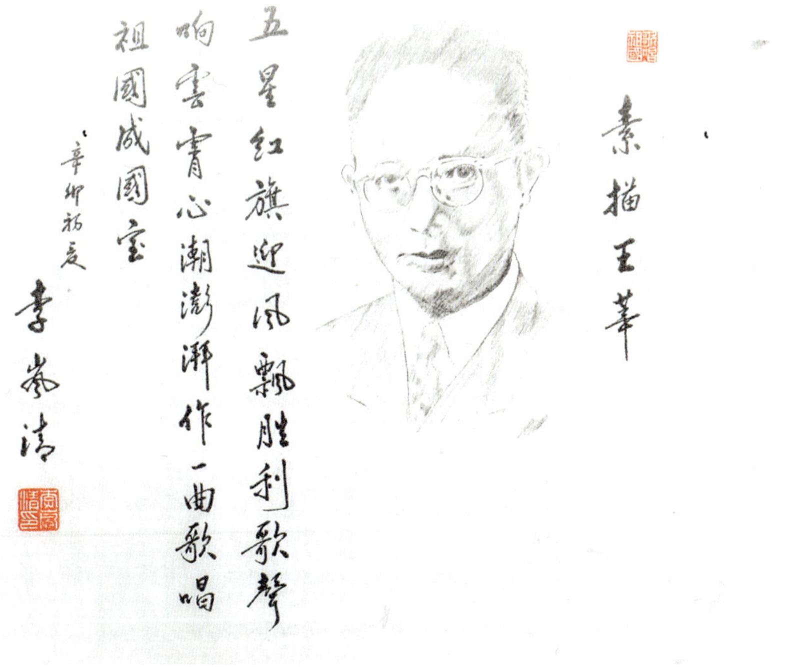

2005 年 4 月，李岚清到家中探望病中的王莘，左二为时任天津市人大主任刘胜玉，右二为时任天津市委宣传部部长肖怀远

天安门广场，让我再看你一眼

每天，当晨曦初现，红日即将升起在东方时，北京天安门广场都要举行庄严的升旗仪式。如果是五一劳动节、国庆节、元旦和春节，升旗仪式则比平日更隆重：由国旗护卫队38人、军乐团62人实施。他们军容威严帅气，步伐整齐划一，从天安门城楼走出，过金水桥，直抵广场的国旗旗杆基座。行进过程中，由军乐团吹奏《歌唱祖国》。

作为《歌唱祖国》的作者，王莘多次亲临天安门广场观看升旗仪式，与国旗护卫队的战士们成了“忘年交”。

1998年10月，在王莘八十寿辰前夕，国旗护卫队召开了一次军人大会，大会只有一个议题：在王老生日那天，要送他一份的特殊礼物——把当天早晨升起的五星红旗，签上38位战士的姓名，晚上降旗后折叠起来，放置在一个精致的木盒中，并附上一纸收藏证书，连夜通过京津高速送至王老家中。在这面国旗中，寄托着战士们对《歌唱祖国》及其作者的一片深情：因为，他们的每一次升旗，都伴着《歌唱祖国》的铿锵旋律，这旋律，已融化在他们的灵魂中和血液里。而王莘亦十分珍惜这份友情。尽管此时他已身体虚弱，离不开轮椅，仍渴望着有一天，再到天安门广场，看一眼五星红旗冉冉升起的时刻。

这一天终于来了。

在"王莘作品音乐会"上，国旗护卫队将他80岁生日那天在《歌唱祖国》诞生地天安门广场上空飘扬了一天的国旗送给他作为特殊的生日礼物

国旗护卫队将王莘九十诞辰那天在天安门广场上飘扬了一天的国旗赠予王莘的家人

2005年春，天津市组织少先队员开展“去北京看升旗”活动，特邀《歌唱祖国》作者王莘参加，对孩子们进行爱国主义教育。活动前夜，王莘一家被安排在国旗护卫队招待所。凌晨时分，王莘忽然不睡了，让王惠芬去叫住在隔壁的王斌夫妇，一起到天安门广场去“吹吹风”。

2005年王老最后一次参加天安门广场升旗，他庄重地向国旗敬礼。

步出天安门城楼门洞，过了金水桥和长安街，前方就是每天升国旗的旗杆围栏了。王斌推着父亲，父亲指哪儿，就往哪儿推，在旗杆的前后左右打起了转转。此时，夜色正浓，冷风瑟瑟，只听升旗的绳子撞到旗杆上，发出“咣啷——咣啷”的声响，宛如钟声一般。他究竟在找寻什么呢？是否在找寻55年前，他路过天安门广场时，产生《歌唱祖国》创作灵感的地方？对，当时，他就是因为看到广场上猎猎飘扬的五星红旗，才脱口而出了歌曲的第一句“五星红旗迎风飘扬”的；但，是在什么地方呢？天安门广场经历了几十年的风雨沧桑，早已发生巨变，今非昔比了，哪里还有当年的一点踪迹呢？于是，他无奈地长长地叹了一口气，用手指指人民大会堂的方向。在大会堂东门前的广场，王莘停了下来，仰望着高高的石阶、挺拔的石柱和楼顶的国徽，一定是忆起了每年出席“两会”的情景：他曾夹着公文包迈上台阶，参政议政，履行人民代表的职责。在这里，他见过毛主席、周总理，听他们讲过话，也为贯彻毛主席的文艺方针，向大会提交过议案……离开人民大会堂，他又在人民英雄纪念碑前停留良久，凝重与悲壮的神情，似乎是忆起了在延安和晋察冀边区度过的艰苦岁月，想起了中国人民与国内外敌人的殊死搏斗与牺牲……掉头返回，途经中国国家博物馆时，他又停了下来。此时，他的《歌唱祖国》的手稿正在博物馆展出。他抬头远望，若有所思：这是我参加开国大典的地方，创作《歌唱祖国》的地方，也是给我带来一生荣誉的地方，这一切，都与这个广场、这面旗帜息息相关；冥冥之中，他感到这可能是最后一次来天安门广场了，以后再也没有机会了，多愁善感的他，不由又多了几分悲怆苍凉。

不知不觉地，王莘在广场上已流连了一个小时，王斌看了一眼手表，告诉父亲，现在离天亮还有一个半小时，外面太冷，回去休息一会儿吧！父亲点了点头。于是，他与妻子，一个在前，一个在后，又把父亲搭下去，送回房间。

拂晓，当东方天空露出一抹鱼肚白时，来自天津的少先队员们已列队完毕，正静候着一个激动人心的时刻——升旗仪式的举行。王莘也在家人的陪同下来到孩子们中间。这时，随着雄壮的乐曲声，国旗护卫队以威武挺拔的雄姿走出天安门城楼，只听军人们“踏踏”的脚步声由远及近，其动作规范在乐曲的节奏中不断变化着。行进到旗杆基座前，只见护旗手将叠好的国旗打开，交到升旗手手中，升旗手帅气地将国旗向空中一甩，随着雄壮的国歌声，国旗冉冉升起……这时，王莘在王惠芬的搀扶下，一面向五星红旗行注目礼，一面艰难地抬起右手，庄重地行了一个军礼！

一个作曲家，为何要行军礼呢？因为，他从投身革命开始，便有一种军人情结。无论在延安鲁艺、华北联大还是群众剧社，他都以一个军人的标准严格要求自己；随解放大军进入天津，在抗美援朝前线，都以身穿军装为荣；他的音乐系同事和学生中，如晨耕、生茂、唐诃等，纷纷成为部队文艺工作者，也令他十分羡慕。浓郁的军人情结，使他的军礼来得非常自然，非常贴切，也是他爱国主义情怀的一次完美定格！

我有一个幸福的家

家是爷爷奶奶爸爸妈妈，
家是兄弟姐妹孩子和他。
家是温馨安全的港湾，
家是阳光灿烂满院花……

这首由王惠芬作词、王莘作曲的“家庭小组唱”，唱得既是“大家”，亦是自己的“小家”。

这是一个幸福的家，和谐的家，一个传承着家乡古风、红色基因又充满艺术氛围的家。

早在20世纪50年代，人们居住条件还很窘迫、物质生活还较贫乏时，王莘便将前半生含辛茹苦的母亲、命运多舛的姐姐和外甥女接到天津，过起了“三世同堂”的日子。他期冀老人在自己身边，能得到更多关爱和照顾，尽享天伦之乐。这得益于家乡古风的浸润。他的家乡荡口古镇，乃是中国古代二十四孝之一、东汉人丁兰的故里，自古以来，崇尚“百善孝为先”。母亲来津后，王莘与她之间的交谈，全用无锡家乡话，别人一句也听不懂。从谈话的氛围中，可以看到儿子对母亲的依恋，母亲对儿子的慈爱。后来，母亲罹患了肝癌，王莘竭尽全力为她治疗，却在北京参加“两

王莘幸福的大家庭

后排左:王庆华(三女)、王家祥(侄子)、王大山(长子)、王玉惠(四女)

二排左:王军(次女)、王斌(次子)、王辉(长女)

前左一:王惠芬(妻)　前右一:王莘

会”期间,母亲病故,这令他肝肠欲断。回到家里,他伏卧在床上,搂着母亲的遗体泣不成声:“妈呀妈呀,当年我爸爸有病没钱治,眼睁睁看他痛苦离世;现在有钱了,医疗条件好了,您又得了治不了的病,这是我一辈子无法挽回的遗憾啊!……”直到母亲去世七八年后,他在致友人的信中仍称:“我们家除老娘需要有人照顾外,别的问题不大。”可见母亲在他心中的位置。

作为父亲,王莘对孩子们要求严格,奖罚分明。在他看来,国有国法,家有家规,一个好的家风不仅是维系家庭关系的基础,同时也对子女的健康成长大有裨益。他要求孩子们不仅要认真学习文化知识,还要学习做饭和管理家务。这与他3岁便随母养蚕、14岁便只身到上海学做生意恐怕不无关系。所以,他对大山去内蒙古深入生活,学会了在草原上骑马放羊;四胖在洛阳医院能成功完成大手术而倍感欣慰。

在儿女们的婚姻大事上,他从来没有“门当户对”的传统观念,完全尊重孩子自己的选择。唯一的要求是，不要找干部子弟：

“你们就是干部子弟，干部子弟身上有很多毛病，比如骄、娇二气，天生的优越感，两个人到一起怎么生活呀？你们要找，就找工农子弟！”

的确，王莘的子女，其配偶都是工人、农民、军人、教师这样的普通劳动者；大山的爱人出身于工人家庭；二牛的爱人也出身于工人家庭；大女婿的父亲是工程师，母亲是售货员；二女儿嫁的是普通农民的后代；小五、小六的爱人虽与文艺沾边，也非名门望族。

在婚俗问题上，王莘也主张移风易俗，婚事简办，最反对铺张浪费讲排场：“结个婚有啥可炫耀的！”

二牛结婚时，是由他的四个妹妹骑着自行车上门接亲，新娘也蹬辆自行车，喜气盈盈穿行在车水马龙的大街上，形成一道美丽而独特的风景。新娘子入了门，没有吹吹打打，没有大宴宾朋，全家人在地下室的餐厅里吃了一顿饭，便入了“洞房”。“洞房”也在地下室里，布置得十分简朴，连张大红喜字也没贴。

王莘的其他子女亦然，不是旅行结婚，便是家人聚餐，没一个到饭店大摆筵席的。

作为作曲家，王莘鼓励子女学艺：大山的笛子、二牛的钢琴、小五小六的舞蹈，在各自的领域都有一定成就。

大山的笛子独奏，自从有了名师刘管乐的指导，演奏水平大有长进，以至到了天津音院附中，无人能教的地步，遂保送中央音院附中，毕业后分配到中央芭蕾舞团。当时，团里正在排练现代芭蕾舞剧《红色娘子军》。第二场，洪常青指引吴清华来到苏区，看到蓝天白云，红旗招展，音乐的烘托却不够有力，难将人物情绪推向高潮时，舞台下的指挥卞祖善皱了眉头，便让大家出出主意，集思广议。这时，大山举手了。

“你有什么主意？”

“我想在这里加上一段笛子独奏，不知效果如何。”

说罢，他取出竹笛，将《娘子军连歌》的旋律变奏，吹出一支欢快、高亢、内中杂有漂亮滑音的曲子。且说这滑音,乃是竹笛的独门绝技,当年他吹《荫中鸟》时,多用滑音模仿鸟儿的啼啭。可以说将刘管乐的精髓学到了。当西洋交响乐中,忽然插入一段颇具乡土气息的竹笛曲时,立即给人一种拨云见日、豁然开朗的感觉。一曲惊四座。吴清华的饰演者薛菁华马上来了情绪:"好好,就这段笛子曲了!"之后,又在"斗笠舞"中加入一段类似的竹笛曲,同样起到了锦上添花的作用。

王莘得知此事后,大赞"神来之笔",叹道:"真是有意栽花花不发,无心插柳柳成行啊!"

这句话的潜台词就是:当初他培养二牛学钢琴,而用一只竹笛敷衍大山,孰料二牛没在钢琴上发展,大山的笛子却吹出了名堂!

有道是,天妒英才。2000年,大山在北京因病去世,家人怕王莘伤心,一直瞒着他。每逢问起,便骗他说:

"大山去美国讲学了"。

"好几年了,为什么还不回来?"

"您的孙子大了,在北京买了房子,需要他在美国挣钱偿还贷款的。"

…………

直到王莘去世前,环顾左右,唯独不见大山时,家人才把这一残酷真相告诉他。

二牛的音乐潜质很高,从小便受父亲器重,本期望他成为一个钢琴家的,只因在音院附中的一次"破坏教具"行为,而被父亲愤然开除。是金子总会发光的。终于,他中学时期因为弹奏钢琴伴唱《红灯记》被部队发现,参军入伍,先后担任部队宣传队队长、文化干事,长期从事部队文艺工作。父亲患病后,他几次申请转业回家照顾父亲,直到20世纪90年代才获得批准。转业后,他被安排到天津干部俱乐部工作。每天,他忙完手中的活儿,一扭屁股溜回家,用三轮车拉上老父,来干部俱乐部室内泳池游泳。父亲虽然半身不遂,而少年时期练就的好水性,加上一只充气游泳圈,却令他仍能享受这唯一的运动方式。游完泳,躺着休息一会儿,回味一下当年在这里,他与毛主席、周总理见面,指挥唱歌,以及协助西哈努克亲王整理歌曲集的陈年往事,一种怀旧之情油然而生。

“身边有个儿子,还是挺幸福的。”王莘常说。

但他最大的乐趣,还是让儿子陪他,一起欣赏中外交响乐作品,边听边交流。这个时期,他摆脱了繁重的行政工作,远离了无谓的世俗纷争,没有忧愁,没有烦恼,一心沉浸在妙不可言的音乐王国里。无论是风声、海浪声,还是马啸、鸟鸣,他都理解为作曲家心境的流露;无论中国话、外国话,他都认为“音乐来自语言”。他有一种博闻强记的本领,对在中央音乐学院学过的东西,无不记忆犹新;对交响乐,能做到边聆听,边看总谱;一些有特色的地方则反复聆听,并在总谱上写下密密麻麻的心得笔记。有时,王斌心疼妻子,想下楼帮妻子做饭,父亲总是阻拦他:

“不不不,坐下,听咱的音乐!”对音乐的痴迷之情,溢于言表。

在王莘的六个儿女中,王斌和大妹妹王辉、二妹妹王军,最理想的职业都是当兵,而且都如愿以偿。

王辉是与父亲的《歌唱祖国》同一天诞生的,“文革”中,按照条件,她本可留城的,但王莘动员她响应毛主席的号召,到农村这个广阔的天地里经风雨、见世面,这种历练对人的一生都有好处。王辉听从了父亲的话,到自然环境恶劣的河北省围场地区塞罕坝插队落户。该地与王斌驻防的丰宁相毗邻,王斌曾前往探望,为其生活条件的艰苦而心疼落泪。后来,部队招收文艺兵,她也穿上军装,圆了当兵的梦想。

王军小时候是个大脸盘,长得胖嘟嘟的,歌舞剧院的人都笑称她“丘吉尔”。她与父亲最亲,是父亲的“跟屁虫”。若问她“你是谁生的?”“爸爸生的!”“你吃谁的奶长大的?”“爸爸的奶!”最爱唱的歌是“一个兔子一条腿儿”。长大后,她入伍从军,成为一名军医。

王莘的外甥女朱雪芬,长袖善舞,是歌舞剧院舞蹈队队长。受她的影响,小五、小六加入了歌舞剧院学员班,后来都成为剧院舞蹈演员。特别是小六王玉惠,表演的双人舞《孔雀之恋》、独舞《长甲舞》,在全国舞蹈大赛中获奖。她的儿子鲍释贤，11岁便在国内外钢琴比赛中获奖，现已成为一名有影响的青年钢琴家。

两个女儿经常在家跳舞，也刺激了父亲用绘画表现舞蹈的欲望。一天，他不知从哪儿弄来几只鹅蛋，用注射的针管将蛋液抽出，然后用狼毫笔蘸上最普通的水彩画颜料，画出了《红色娘子军》中的黎族姑娘，迷人的脸蛋，红黑的小短裙，可爱极了。又画了娘子军双人舞、《白毛女》中的喜儿，个个活灵活现，栩栩如生，堪称精美的艺术品！不但女儿爱不释手，王斌看了也怦然心动，乘机偷走一枚，送给部队首长。首长煞是喜欢，当即便问："这个跳舞的小姑娘，应该是一对吧？""对呀，是一对。您批准我休假，我就回家给您取另外一枚去！"

当时，王斌还在部队工作，很难请假，有了这个理由，他就可以多回家几趟，多看看老父亲了。但父亲却不主张他用这种"拍马屁"的办法回家探亲。

执子之手，与子偕老

在这个家庭里，最辛苦、付出最多的，当属女主人王惠芬了，尤其是王莘患病、不能自理以后。

王莘曾对子女说过，我们家学历最高的，就是你们的妈妈。20 世纪 50 年代，她凭借自己的本事，考上了中央戏剧学院首期导演班。现在的中戏毕业生们，包括某些明星大腕，都得算她的徒子徒孙了。

1954 年王莘是中央音乐学院干部进修班的学生，妻子王惠芬是中央戏剧学院第一期的学生，当夫妻双双取得大学本科学历的时候，在王莘母亲和姐姐的帮助下孩子们也都长大了。

贫苦农民出身的王莘闲暇时经常会带着母亲和孩子们徒步到郊外农村野游

王惠芬的一生中，经历了三次大难不死：第一次是1938年在山西五台山，她在部队行军途中，遭遇日机轰炸，是炊事班班长压在她身上，用自己的生命掩护了她。第二次是1966年，她被查出患有宫颈癌，她无意中看到了自己的诊断书。别人说，得了这种病，顶多能活三五年，她却从不认命，坚持康复训练，苦练太极拳、太极剑，有效控制住了病情。第三次是1996年，她又被查出患了乳腺癌，做了乳房切除手术。面对人生中的这些危难，她从不气馁，从不退缩，而是勇敢地与病魔搏斗。她参加了天津抗癌百人合唱团，以文艺演出的方式，展示战胜病魔的勇气和力量。

说到第三次“大难不死”，在这个家庭里还发生过一个有趣的故事——

1996年的一天，王莘在王惠芬陪同下，应邀出席天津音乐学院举办的新作品音乐会。音乐会结束后，院领导拟用车送他们回家。但王莘连连摆手道：“不用不用，我们自己步行回去，正好看看新建的海河带状公园！”

原来，当时王莘虽已坐了轮椅，行动不便，居家时间较多，但天天听广播，看报纸，对天下大事了然于心。那些年，今晚报社发动市民评选“津门十景”，海河带状公园便是其中一景，名为“沽水流霞”。从海河东岸的天津音乐学院到他位于和平区成都道的家，正好可以路过一段海河带状公园。王莘很想领略一下这里的夜色。晚风吹拂，灯光摇曳，一座座新厦掩映在绿树红花中，使天津这座现代大都市更加风采迷人。王莘坐在妻子推动的轮椅上，总觉得她走得太快，便对她说："慢一点，慢一点！"可是，没慢几步，又快了。王莘只得又重复一遍："慢一点！"王惠芬却有些不耐烦了，回敬了他一句："小资产阶级情调！""什么？我想看看海河两岸的新貌，怎么就是小资产阶级情调了？"王莘越想越生气，便用手中的拐杖向后捅了一下，不料正好捅到王惠芬的胸部。

回到家里，王惠芬一屁股坐到床上，用手捂着胸口便喊叫起来："哎呀，痛死我了！"

儿女们忙问："妈，你怎么啦？"

王惠芬用手指着丈夫："你爸爸打的！"

这下，儿女们不干了："爸，这就是您不对了，我妈天天把你照顾得那么好，还陪你听音乐会，逛海河公园，您居然还打她！……"

王莘知道自己错了，误伤了妻子，听着儿女们的"声讨"，愧疚地低着头，猫着腰，从眼镜边上偷看着大家，一副可怜巴巴的样子。

第二天，儿女们带母亲去医院检查，没想到医生当着病人的面便宣布："你得的是乳腺癌，已经到中晚期了，是否选择手术治疗呀？"

王惠芬一听，当时眼泪就顺着面颊簌簌滚落下来。

回到家里，王莘腰板也直了，也不从眼镜边看人了，一下

王莘一家与抗美援朝战斗英雄合影

变得理直气壮："都是我救了你们妈妈！要不是我打了她一下，你们会想到带她去医院看病吗？不去医院，能及时发现和治疗吗？"

儿女们见状，也是哭笑不得。都说人老了就成了"老小孩"，父亲这一前一后判若两人表现，难道不是个可爱的"老小孩"吗？

王惠芬很快做了手术，术后恢复良好。不能不说，这与她的心态关系很大。

2009年7月，在接受新华社记者采访时，王惠芬这样表述了自己的观念和心情：

"看到我周围的一些癌症患者愁容满面，数着日历牌过日子，我觉得我不应该这样。一个人不论是健康还是生病，都要活得有价值、有意义、有质量。我今年已经83岁了，有六个孩子，子孙满堂，过得很幸福。我觉得我还是个孩子，好奇心很大，对很多新事物充满了兴趣。我觉得我越活越有意思，越活越年轻。家里人都祝福我长命百岁，但我给自己定的目标是120岁，不为别的，就为多看看祖国每一天发生的变化，亲眼看着祖国变得更加繁荣富强。"

王惠芬与王莘相识于战火纷飞的年代，两人携手并肩，相濡以沫，走过了半个多世纪漫漫人生之路，真可谓是"执子之手，与子偕老"的模范夫妻了。

在王惠芬眼中，王莘是自己的偶像，是"我的帅哥"。"别看生于南方的王莘戴个眼镜，瘦瘦地像个文弱书生，但却有着一般男人没有的耐心与细腻。年轻时，他经常自己修理自行车、钟表，一到礼拜天，家里就像个修理铺。放假了就带孩子们去水上公园玩。每次出国都给孩子们买玩具，从来不给自己买东西。他是很温柔、很耐心的，这么多孩子虽然都是我生的，但我却没怎么管，王莘比我细心多了。"

1982年起，在王莘半身不遂、不能自理的二十多年时间里，是王惠芬最幸福也最辛苦的日子。说幸福，是因为老两口从未像现在这样耳鬓厮磨，彼此需要，谁也离不开谁。说辛苦，是因为王莘第一次发病后，不能写字，她是他的手；第二次发病后，不能走路，她又成了他的腿。除了帮助王莘“翻译”歌曲外，她常推着轮椅，带王莘参加各项社会活动，指挥群众同唱《歌唱祖国》；闲暇时间，她常推着轮椅，到附近的桂林路公园、睦南道公园漫步。可以说，两位白发老人的轮椅形象，成为那个时期，天津街头的一道迷人风景线。

王莘伉俪在《歌唱祖国》创作50周年暨王莘从事音乐创作60周年大会现场

2005年，王莘和王惠芬迎来结婚60周年的“钻石婚”。这一年，天津市为他们举办了隆重的纪念活动。市领导刘胜玉、肖怀远等出席，高度评价了王莘从事歌曲创作70周年所取得的成就，特别褒奖了他作为天津文艺界唯一健在的老红军，身残志坚，奋斗不止的高尚情操和奉献精神，号召全市共产党员向他学习。

2006年9月25日，天津市召开《歌唱祖国》发表55周年座谈会，中央政治局委员、市委书记张立昌致信祝贺，指出“王莘不仅是天津的光荣，也是中国文艺界的光荣”。

2005年12月底，一名军人慕名到王莘家做客，向他推荐一种治疗脑血栓的偏方。适逢王惠芬与几位友人谈论构建和谐社会话题，他便乘兴朗诵了一段关于“家”的词句。王惠芬说：“这不就是一首现成的歌词吗？我看挺好的！”当时，坐在轮椅上的王莘显得很激动，伸出左手大姆指晃了晃，又指了指他，吃力地说：“写出来”。军人当即将他朗诵的句子写在纸上，又随意轻唱了一下。当他用双手将歌词捧到王莘面前时，只见老人家的眼睛被泪水模糊了。歌词中的两个“她”，无疑触动了他心灵中最柔软的部分。他擦了一下泪眼，沉思片刻，然后用左手抓起一支铅笔在纸上划起来，一边划，一边轻声哼唱着，歌曲《我有一个幸福的家》便这样诞生了：

家啊家，人人都有个家。
家人又在何处？其实就是个“她”。
谁把你牵挂？一个是妻子，一个就是妈。
我那慈祥的老妈妈，一辈子没走出山旮旯。
却含辛茹苦把我拉扯大……
我那纯朴的那个她，已把那处女地交付给咱。
就应该认真终生呵护她……

一个星期后，王莘第三次住院，永远地失去了写歌的能力。因此，这首歌便成了王莘的绝唱！

与《歌唱祖国》首唱王巍、伴奏靳凯华在家中共贺《歌唱祖国》诞生半个世纪。

祝贺王老夫妇钻石婚，右一刘胜玉(时任天津市人大主任)、左二肖怀远(时任天津市委宣传部部长)、左一冯骥才(时任天津市文联主席)

生命的最后时刻

王莘的病情愈发严重了。2006年岁首,王莘因脑干栓塞第三次住院,住进了天津医大第二医院重症监护室(ICU)。

对一个局外人来说,ICU是个令人"谈虎色变"的地方。因为它专门收治各种危重病人,随时面临与病魔的生死搏斗;内中的医护人员,也被称为"与生命打交道的人"。ICU设有中心监护站,直接观察所有监护病床,每个床位间用玻璃幕墙隔开,床边配有监护仪、呼吸机、心电图机、吸氧装置、气管插管等先进医疗设备。虽然这些都是挽救病人生命的东西,但王斌第一次送父亲进入病房时,还是感到了一丝不安与冰冷。

王莘被送进ICU的第一天,就进行了气管插管手术,使用呼吸机替代自主通气功能。这是王斌最担惊受怕的日子。看着父亲那瘦弱的身躯,稀疏的白发,深陷的面颊和一双失神的眼睛,他的心时刻在流血,在祈祷,期盼父亲拿出战争时期的勇气和力量,顺利地闯过这一关。好在,不到一个星期时间,王莘开始有了自主呼吸能力,主治医生严主任便告诉王斌,如果呼吸机使用时间太长,病人的肺部就会纤维化;他现在已经有了自主呼吸了,就可以将呼吸机插管摘下来。

但撤掉呼吸机的王莘状态并不乐观。他原来说话就不清楚,气管切开后,没有空气的压力,声带便发不出声音,语言功能便丧失了。在这种情况下，他与外部交流的方式只有一个，就是动动肩膀，用它来回答“是”与“不是”。比如问他“热不热？”他不动肩，说明“不热”，动动肩，说明“有点热”；家属前来探视，问他“你看谁来了？”他便动动肩膀，以示回应。

不仅不能发声，连进食也要通过鼻饲管，将流食通过鼻腔直接注入胃里。严主任觉得病人太可怜了，便破例为家属开了一盏“绿灯”：允许家属将水果和蔬菜打烂成汁，然后用棉签吸入果蔬汁液，蘸在他的舌尖，让他尝一尝水果和蔬菜的味道。于是，王莘的子女们便用苹果汁、香蕉汁、猕猴桃汁、菠菜汁、黄瓜汁等，刺激他的味蕾，让他感觉好像吃了这些东西，脸上露出满足的表情。

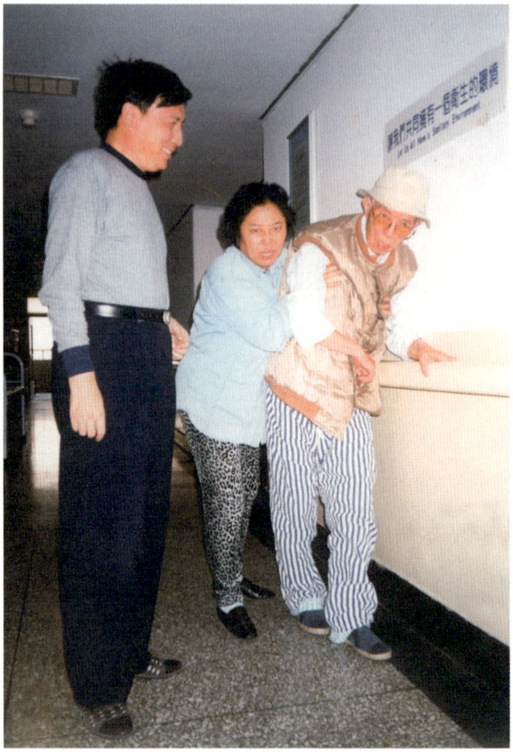

王莘在儿子儿媳的帮助下
艰难地在医院走廊上练习走路

每当这时，王斌不是感到安慰，而是阵阵心酸：父亲受的这些罪，简直连一个囹圄中的犯人都不如——犯人可以与人交流，他可以吗？犯人可以放风、溜达，他可以吗？犯人可以吃喝，他可以吗？他只能终日躺在一张狭窄的病床上，不能说话，不能吃喝，不能动弹。他，真的太可怜了！

更可怜的是他的治疗方式，比如吸痰：即用一根塑料管，经过口腔、鼻腔、人工气道，通过空气负压，将呼吸道深处的分泌物吸出，以保持呼吸道通畅，预防吸入性肺炎、肺不张、窒息等并发症的方法。这样的操作每天要进行十几次，其过程十分痛苦。每次准备给他吸痰时，他眼中都会闪现一种十分恐惧的神情;每次吸完痰,他都大汗淋漓,病服全部湿透。

还有每周一次的肺灌洗,无异于一道“鬼门关”。每当医生对家属说:“你又该签字了,明天肺灌洗!”他都会用可怜巴巴的近乎乞求的眼神盯着子女,意思是:我太难受了,能不能不做了!做儿女的,谁不心疼父母?谁愿让老人经受这种难以忍受的痛苦和折磨?但不把肺泡中的痰吸出来,极易造成肺感染,一旦肺感染,就会有生命危险。肺灌洗是在静脉复合全身麻醉情况下,用双腔支气管导管置于病人气管和支气管内,一侧通过肺纯氧通气,另一侧用灌洗液反复灌洗。灌洗过程中,病人疼痛难忍,有时能从病床上蹦起来。用医生的话讲,就是四个字:生不如死。王斌想,这简直与昔时革命志士经受酷刑、被灌辣椒水无异。战争时期都未受过的罪,和平时期却未逃过,父亲真是太不幸了!每次从肺灌洗操作室出来,父亲都显得十分疲惫,脸色苍白,双目紧闭,整整一天都不睁眼,子女呼唤也不理睬。

尽管肉体上饱受折磨,但王莘的神智仍是清楚的。从他的眼神和对外界刺激的反应来看,年近九旬的他,并无阿尔兹海默症的迹象。于是,严主任又破例给他们开了第二盏“绿灯”:

“你看,他是个头脑很清醒的人,天天这样躺在病床上,实在是太寂寞了。给他带一个半导体收音机进来,让他听听新闻,听听音乐。”

不料,就是这台小小的半导体收音机惹了“祸”。

一天,王莘正躺在病床上收听新闻时,头顶上的监护仪显示,病人的血压、心跳、血氧饱和度全都发生了异常,中心监护站的值班医生发现警报,旋即携医护人员火速赶到病房,准备实施呼吸机抢救。此刻,只有王斌心知肚明,父亲病情的变化不是身体造成的,而是一时的情绪波动使然。所以,他镇静地冲医生摆摆手,又指了指父亲手里的收音机:“你们听,收音机里正在播送一条征集 2008 北京奥运会会歌的新闻,父亲是个作曲家,他一定是动心了,想参加到征歌活动中来。他这是心病啊……”医生们面面相觑,绝对想象不出,这样一位病情危重、已无语言表达能力

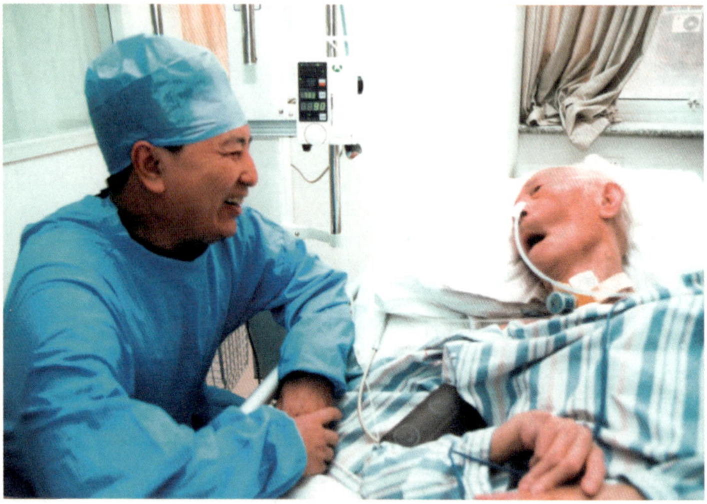

儿子在ICU病房身着隔离服鼓励父亲度过最后的日子。由于脑干栓塞引起的肺感染,王莘于2007年10月15日病逝

的老人,竟然还关心着国家大事,并欲投入其中!

此刻,没人能告诉他真相。能告诉他真相的,只有他唯一的儿子。

王斌俯身贴近父亲耳畔:“爸爸,你听得见我说话吗?”

王莘耸动了一下肩膀。

“您想给北京奥运会写歌,是不是?”

王莘剧烈地晃动着肩膀。

“奥运会歌曲您已经有想法,有构思了?”

王莘晃动的肩膀几乎停不下来,完全处于一种浑然忘我的状态。

“您的心情我完全理解。可是,我们怎么知道您是如何构思这首歌的?您已经没有任何跟我们沟通的手段,嘴不能说,手不能写,您歌曲的旋律我们揣测不出来呀……”

那一瞬间,他好像突然明白了,一下子从忘我的状态中回到现实——是啊,我躺病床上,发不出任何声音,不能与人产生任何交流,我,真的再也不能写歌了!只见他的面部表情由亢奋变得呆滞,委屈的泪水,宛若喷泉般从眼眶喷射出来,惊呆了周围的人,也惊呆了王斌。他记得奶奶去世时父亲哭过,但从来不是这种哭法。一个人极度悲伤时,至多是泪水“夺眶而出”,或“泪如雨下”,谁见过一位躺在病床上的老人,绝望时眼泪竟会呈喷射状奔涌而出呢！

这世之罕见的喷泉之泪，以最鲜明最强劲的形式告诉人们：他来到这个世界就是写歌的，他生命的全部意义就是写歌；而今，他很可能已为北京奥运构思好了一首歌，却被病魔无情地剥夺了表达的权利。这是他漫漫人生中遭遇的最残忍的惩罚。如果不能写歌，他活着还有什么意思？为什么二十个月的ICU他都忍受了，酷刑般的肺灌洗他都忍受了？因为世界上很多伟大艺术家都是在疾病和痛苦中，完成作品，创造奇迹的——贝多芬32岁耳聋后，毅然与命运抗争，曾将木棍的一端置入钢琴共鸣箱，另一端含在嘴里，以加强对乐声的感受，最终写出了不朽的《第九交响曲》；梵·高在衣食无着、贫困潦倒中，始终处于创作的癫狂状态，从其代表作《向日葵》中，便可感受到他生命之火的炽烈燃烧……他也曾抱着一线希望，希望有一天，自己能发声，能表达，坐在病床上完成他的创作。而现在，所有的一切，仿佛都化为泡影，令他万念俱灰。

此后几日里，他每天一动不动地盯着天花板，眼神中充满迷惘与绝望。他不再看任何人，包括自己的至爱亲朋。任你如何呼叫，他也置若罔闻。

或许，此时萦绕他脑海里的，是他将近九十载风起云涌的人生历程中，一幕幕刻骨铭心又异彩纷呈的画面。

从江南水乡到“冒险家的乐园”，他，一个农民的儿子，饱尝世态炎凉后，终于找到自己的人生座标，投身到反帝爱国运动中；在上海南京路“九一八”大游行中，指挥二百多人的合唱团，高唱抗日救亡歌曲，令国民党军警望风而逃……

为寻求革命真理，他不畏艰险，千里迢迢，投奔革命圣地延安，成为人民音乐家冼星海的高足，在《黄河大合唱》的雄壮旋律中，见证了革命文艺的伟大力量……

在晋察冀敌后根据地，他一手拿枪，一手拿笔，深入火热斗争生活，为抗日写歌，为民众写歌，经受了血与火的洗礼……

迎着新中国的曙光，他走进天安门广场，飘扬的五星红旗触发了他的灵感，一首《歌唱祖国》应运而生。毛泽东的称赞，周总理的力荐，人民的广泛传唱，历久不衰，成为堪与《义勇军进行曲》比肩的世纪经典……

在和平的年代里，他依然保持战争时期的优良传统，不忘初心，牢记使命，一方面兢兢业业做好文艺界领导工作，一方面以极大热情从事音乐创作，直到身患重病，仍以顽强毅力笔耕不辍，谱写了千余首讴歌祖国、讴歌人民、讴歌英雄人物的歌曲……他曾经说过："我的一生只写了两首歌，一首是用音符谱写的《歌唱祖国》，另一首就是用心灵谱写的歌唱祖国。"

而今，当一雪百年国耻、一振华夏雄风的奥运会即将在北京举办时，他，一个对祖国和人民怀着无限深情的作曲家，却再也发不出自己的声音。还有什么比这更令人绝望呢？残酷的现实粉碎了他美好的梦幻，支撑他精神与信念的大厦顷刻间崩塌了，眼前的一切都变得昏暗无光，生命之火只需一丝风吹便可熄灭。

一个星期后，2007 年 10 月 15 日，凌晨，一阵急促的电话铃声响起，惊醒了王惠芬。她一手抓起话筒，对面传来一个低沉的声音："您是王大妈吗？请您尽快到医院来，王先生恐怕不行了……"

凌晨 5 时前后，王大妈和几个在天津的子女先后赶到第二医院特护病房。此刻，王莘已在弥留之际，但神智仍然清楚，眼睛也睁得大大的。王惠芬拉着老伴的手，红着眼圈深情告白："你曾送我一首歌，在你临终时，让我唱给你听吧：'醒时路是沙漠的路，梦中路也是沙漠的路，沙漠是永远的路……'你在沙漠路上已经走了这么久，在医院已经躺了这么久，你也够累了，够辛苦了。你是为我们活着，现在你要是想通了，想走就走吧……"这时大家发现，王莘的嘴巴也在动弹，仿佛在与老伴一起歌唱……

慢慢地，他合上眼睛，带着无尽的遗憾撒手人寰，终年八十九岁。

王莘逝世的消息通过媒体迅速传播开来，在各界人士中激起强烈反响，纷纷为这位人民艺术家的离去，表示万分悲痛与深切哀悼。

著名作家、学者冯骥才说:“王莘的歌曲不仅是艺术,更是重要的文化遗产。他的歌曲的含义已经超出一首歌所能表达的意境,更是一种气质和爱国主义精神的表现。”

作曲家鲍元恺说:“《歌唱祖国》虽然不是国歌,但使用率超过了国歌。在重大活动中,人们经常会唱起这首歌。”

作曲家石瑞生说:“我从王老身是学到了伟大的奉献精神。他创作从来不计报酬,甚至自己出钱在群众中普及歌曲。他多次到基层慰问演出,即使患了偏瘫坐上轮椅后还在坚持。”

《歌唱祖国》首唱领唱王巍说:“王莘是音乐界的一面旗帜。《歌唱祖国》是一首划时代的经典歌曲,从它诞生至今一直受到全中国人民和全世界华人的热爱。”

10 月 17 日,王莘的灵车离开医院,前往北仓殡仪馆火化时,跟随灵车前往的王斌被眼前的景象震撼了:灵车刚刚驶出医院大门,便见马路两旁站满送行的人群,他们之中,有打着横幅“王莘先生一路走好”的老年大学合唱团,有自发而来素昧平生的平民百姓;他们满含热泪肃立街

孩子们到坐落在永安公墓的王莘墓地扫墓

头，以激昂高亢的声调，齐唱《歌唱祖国》，以表达他们对王莘的缅怀、对《歌唱祖国》的热爱。这是王斌一生中最感动也最魂不守舍的时刻，以至歌声渐渐远去了，泪眼婆娑的他，耳畔仍回响着歌曲的旋律，歌声从耳畔飘向车外，飘向大街，飘向原野，飘向空中，化作一团五彩的云霞……

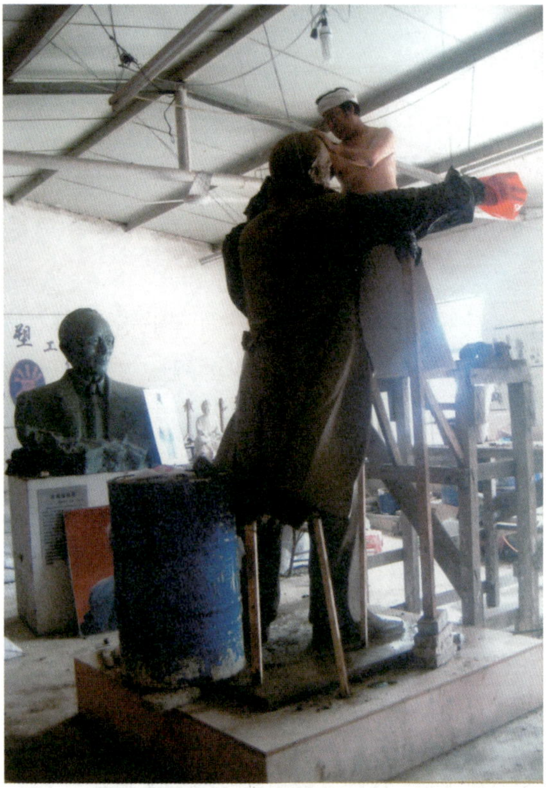

著名雕塑家刘鑫为王莘纪念馆赶制铜像

尾声:永远的《歌唱祖国》

2008年8月8日晚8时,北京国家体育馆(鸟巢),第29届夏季奥林匹克运动会在此隆重揭幕。此刻,焰火升腾,欢声震天,能容纳十万观众的看台上,五星红旗、闪光灯和荧光棒交相辉映,星星点点,宛如银河落地。随着开幕式“倒计时”“欢迎焰火”“梦幻五环”“飞天少女”渐次演进,场地中心迎来一个震撼人心的时刻:国旗入场仪式。这时,一个别具匠心的画面出现了:一位身穿红裙的女孩,以她那天籁般的童声,高唱起人们耳熟能详的经典歌曲《歌唱祖国》。女孩那苹果般圆润的脸上,镶嵌着一双乌黑晶莹的大眼睛,她神采飞扬,自信满满,笑意盈盈,清纯甜美,酷似一个可爱的小天使。歌声中,五十六个身着民族服装的儿童,簇拥着一面巨大的五星红旗,肩并肩,手挽手,步态轻盈地走过场地中心。

五星红旗迎风飘扬,
胜利歌声多么响亮。
歌唱我们亲爱的祖国,
从今走向繁荣富强。
越过高山,越过平原,
跨过奔腾的黄河长江。

宽广美丽的土地，
是我们可爱的家乡。
英雄的人民站起来了，
我们团结友爱坚强如钢……

一个清纯稚气的童声，瞬间点燃了全场观众的热情；

一个清纯稚气的童声，瞬间演变为十万人的大合唱！

歌声与画面通过电磁波传遍全国，传遍世界，五大洲几十亿人观看了这一动人场面。

同一时间，在天津成都道博爱里 1 号大院里，王莘的家人们围坐电视机旁，看到这一场面，不禁心潮澎湃、热血沸腾。见证了父亲生命最后

为了让老区的孩子们能如期上大学，王莘总是抱病亲自去参加捐款，在他的带动下，不少人慷慨解囊，已使几百名孩子顺利地完成了大学学业。图为王莘及家人在去老区的火车上用餐

时刻的王斌，更是热泪盈眶，泣不成声。他，一个老兵，入党已半个世纪，是个无神论者，从不相信宿命，不相信鬼神；但当那个天籁之声从电视机中飘出时，他恍惚中感到是自己父亲的声音，是父亲在唱！

“父亲，我听到了您的声音，《歌唱祖国》正响彻在北京奥运会开幕式上！我们知道您是带着遗憾走的，而祖国没有忘记您，人民没有忘记您。歌声中，我看到了您那熟悉的面容，感到了您对祖国的眷恋，对家乡的不舍。您这辈子活得值了，应当满意了，没有遗憾了！”

令王斌感到十分意外的是，《歌唱祖国》是一首气势雄壮豪迈的进行曲，多年来一直以大合唱的形式出现；而在北京奥运开幕式上，由一位9岁小女孩以慢速清唱形式表现，不仅没有违和感、纤弱感，反而产生了一种清新脱俗、以少胜多的艺术效果：少年儿童是祖国的花朵与未来，也是《歌唱祖国》这首世纪经典的传承人，由他们在全世界面前唱响，不是最恰当不过了吗？真乃神来之笔！不久，他看到张艺谋在接受央视采访时，透露出一个相关细节：他在执导北京奥运开幕式时，最担心的是由孩子们表演的《歌唱祖国》这个环节。一则，这个环节很重要，涉及国家尊严；二则，做导演的都知道，孩子的戏最难导，何况是现场直播，稍有不慎，便可能出问题。所以，尽管经验丰富、身经百战的他对整个开幕式的把握胸有成竹，沉着镇定，但对这一环节仍然如履薄冰，紧张得攥着步话机的手都出了汗。但是，当《歌唱祖国》那天籁般的声音在场内缓缓飘散开来时，他的手竟不听使唤地颤抖起来，以至一句话也说不出，一个指令也发不出——他被《歌唱祖国》的强大震撼力、也被这一匠心独运的表现方式，感动得不能自已，无法控制自己的情绪。

的确，《歌唱祖国》诞生半个多世纪以来，不仅是历次国家级重大庆典活动必不可少的经典歌曲，也在一代代人中传唱，激励和鼓舞着一代代人爱祖国爱家乡，为中华民族伟大复兴的中国梦拼搏奋斗。

——从毛泽东、周恩来开始，党的历代领导人都会在一些重要活动中与大家一起高唱《歌唱祖国》；

——20世纪五六十年代，中央人民广播电台每天的《新闻和报纸摘要》节目都以《歌唱祖国》为开始曲；

——1964年，《歌唱祖国》作为大型音乐舞蹈史诗《东方红》的压轴曲目，将整个演出推向高潮；

——1997年7月1日，在香港回归交接仪式上，中国人民解放军军乐团和英国皇家乐队共同演奏《歌唱祖国》；

——1999年12月20日，在澳门回归交接仪式上，澳门上空再次响起《歌唱祖国》的旋律；

——2003年10月15日，中国首次载人航天飞船“神舟五号”发射成功，宇航英雄杨利伟将《歌唱祖国》带入太空；

——2007年11月28日，中国“嫦娥一号”探月卫星成功地从38万千米以外的太空向地球发来《歌唱祖国》的音响信号……

可以说，《歌唱祖国》已成为世界上流传时间最长、范围最广、传播最远的音乐经典之一。

《歌唱祖国》不仅在中国家喻户晓、妇孺皆知、脍炙人口，具有崇高地位，在全世界海外华人中，也享有崇高声誉。可以说，有华人的地方便有这首歌，华人唱这首歌的时候，特别扬眉吐气！

王斌清楚地记得，1997年，香港回归那年，他因工作需要，正在美国洛杉矶逗留，与当地华人接触较多。这些华人中，有操着一口粤语的港澳同胞，有操着一口“国语”的台湾同胞，还有说汉语、写汉字的马来西亚人、新加坡人，他们来历不同，政见不同，关系复杂，隔阂很多，有时还会发生一些摩擦和龃龉。7月1日，在南加州大学体育场上，举行了一场庆祝香港回归祖国的大型集会，三万多来自不同国家和地区的华人，不分长幼，每人手里举着一面小的五星红旗，一面小的香港特别行政区区旗。大会尚未开始，看台上已经座无虚席，观众个个精神振奋，喜气洋洋，犹如过节一般。忽然，不知从哪里，传来一阵歌声：“五星红旗迎风飘扬……”很快，歌声就从看台一隅，海浪般响彻全场每一个角落，几万观众不约而同地合唱起《歌唱祖国》：

“五星红旗迎风飘扬，胜利的歌声多么响亮。歌唱我们亲爱的祖国，从今走向繁荣富强……”

歌声，越来越响亮，越来越激昂，置身其中的王斌更是血脉偾张——是啊，无论你来自哪里，持何政治主张，只要是黄皮肤黑头发的华夏子孙，就会对一雪百年国耻、流落海外的“东方之珠”回到祖国的怀抱，充满骄傲和自豪。而最骄傲最自豪的是他。他真想大声对周围的人说：你们知道吗，这歌是我父亲写的，我有一个伟大的父亲，他用一首歌，把成千上万海外华人的心团结在一起、凝聚在一起！

这支歌，他从孩提时代起，在家里不知听了多少遍，说实话都有些麻木了；而今，在远离祖国的大洋彼岸听到这支歌，不是歌唱家、不是合唱队，而是三万海外游子自发而起，同声共唱，那气势，那感觉，真是振聋发聩、感天动地呀！一支好歌，有时真的不用人指挥，不用人起调，便能使人与人产生情感的共鸣，心灵的共振，不约而同地唱响，真的有这种功能，真的很传奇！当他回国后对父亲讲起这次经历时，只见父亲的脸激动地抽动着，继而流下两行热泪。是啊，一支爱国歌曲，几乎所有华人都喜欢，都会唱，是对作曲家的最大褒奖与认同！

2008 年 10 月 15 日，由雕塑家刘鑫创作的王莘雕像被安放在天津音乐学院，供一代代青年音乐学子们瞻仰。

也在这一年，在北京奥运开幕式上演唱《歌唱祖国》的女孩林妙可，在父母的陪同下，专程来到天津，看望王莘夫人王惠芬奶奶。看到林妙可那清纯可爱的笑脸，王斌不禁想起自己的小孙女。王斌的儿子儿媳都在国外，小孙女一直放在姥姥家。孩子 5 岁快到上学的年龄，王斌便坐火车将她从外地接回天津。火车上，他开始教小孙女唱《歌唱祖国》。没想到，只教了两三遍，她就学会了，不但音准好，而且声音也特别纯净自然，没有任何修饰的痕迹，显然是继承了太爷爷的遗传基因。这令王斌十分欣慰。王莘从小便对孩子们进行潜移默化的爱国主义教育，如今，他的传统

林妙可来津看望王慧芬奶奶

和精神又传给了第三代、第四代。他的外孙鲍释贤，10 岁随钢琴家鲍蕙荞学琴，11 岁时已是“肖邦钢琴大赛”冠军得主，多次在国内外参加比赛和演出，成为一个颇具潜力的青年钢琴家。在王家第四代中，王斌的小孙女是王莘唯一见过并握着她的小手合过影的，所以感情也最深。

2019 年是“五四运动”一百周年，中央电视台在无锡荡口镇的王莘故居纪念馆里，制作了一期“快闪”节目。节目中，王斌夫妇与小孙女一起，在钢琴家靳凯华的伴奏下，合唱了王莘的《歌唱祖国》。在太爷爷的故居，小孙女深情地抚摸了当年太爷爷出生的床铺，做饭的炉灶；在踏上太爷爷当年离开家乡，去上海谋生时走过的卖鸡桥时，她抚摸着桥板，深有感触地说：“太爷爷 14 岁时，从这里走上了革命道路，我今年也 14 岁了，我也要沿着太爷爷的路一直走下去！”

生命就是一种循环，周而复始，生生不息；艺术也是一样，每个时代有每个时代的歌。然而，真正的艺术必定是永恒的，不受历史和地域局限的；相反，会随着时间的推移，历久不衰，常唱常新，焕发出愈加强大的生命力。诚如罗曼·罗兰所说：“一切能够永存的艺术作品，是用它的时代的本

王莘与曾孙女王琨牵手，享受着四世同堂的喜悦。

质铸造成的。艺术家并不是一个人创造作品。他在作品中记录他的同伴们，整整一代人所痛苦、热爱和梦想的一切。”

如今，在王莘吟咏过的宽广美丽的土地上，从巍峨的高山，富饶的平原，到奔腾的黄河、长江，到处响彻着《歌唱祖国》的嘹亮歌声；在他的家乡无锡荡口、第二故乡天津，都可寻觅到他的历史故居、人生足迹和音容笑貌。他的生命之树常绿，精神永存。

艺术家对人类社会的奉献是不可估量的，宛若满天的繁星，闪闪烁烁，漫无际涯，而其中最亮的，只是凤毛麟角而已。

“回顾我多年来的创作，说来并无奥妙。时代的步伐是节奏，祖国的脉搏是音符，人民的心声是旋律——这，就是我的歌曲。”

王莘生前这句意味深长的话语，将会镌刻在他的墓志铭上，供后人祭拜和景仰！

后 记

2019 年岁末，在一次画展开幕式上邂逅文化学者章用秀，他称自己正在筹划一套由天津市河西区政协主编的“海河西岸记忆丛书”，其中一本是人物传记《人民音乐家王莘》，希望由我承担写作任务，而我却犹豫不决。原因之一，王莘是中国五位“人民音乐家”之一，紧随聂耳、冼星海之后，分量很重，此前又无人写过，担心写不好，耽误了一个好题材；原因之二，王莘的代表作《歌唱祖国》发表于 1951 年，属于他的早期作品，一个人年轻时便达到了事业的巅峰，后面就不好写了，没有高潮了。章先生听了觉得不无道理，“但思前想后，承担这个任务，非你莫属”。于是，我抱着试试看的态度，硬着头皮接了下来。

写王莘的传记，首先要与王莘的亲属取得联系。当时，王莘的遗孀王惠芬已 94 岁高龄，且卧病在床，已失去语言交流能力；王莘的次子王斌，近年来在中央电视台《国家记忆》以及一些地方台的访谈节目中担当了“主讲人”的角色。这样，2020 年元旦，经好友、雕塑家刘鑫引见，我与王斌夫妇见了一面。一见面，便有一种相见恨晚的感觉。说明来意后，王斌风趣地说：“我正想睡觉呢，就有人送枕头来了，能不高兴吗？”原来，王斌早有为父亲作传的心愿，近年来不断有影视制作人与他联系，欲将王莘的生平事迹搬上银屏，只是苦于没有可供改编的原创作品。饭桌上，王斌讲述了父亲王莘在不同历史时期的几个小故事，讲得绘声绘色，有情有趣。传记文学，最需要的是故事和细节，王斌讲的这几个小故事，一下就勾住了我的腮帮子，令我兴奋不已，信心大增。分别时，我激动地握着他的手说：“这回我心里有底了！”

与王斌见面后，我又在他陪同下，到成都道博爱里看望了王莘的遗孀王惠芬。王大妈与王莘从战火纷飞的年代走来，一路风雨同舟、相濡以沫，尤其是她在晚年推着轮椅上的丈夫参加各种社会活动的情景，已经成为一道动人的风景线。老人家虽已口齿不清，但从神情和手势中却能感到她对此事的认同和欣慰。之后，我便开始搜集相关素材和资料，包括王莘的《献给祖国的歌》、解放区文学研究会的《在战火纷飞的日子里》以及王斌接受广播电视台采访的录音、录像等，并与王莘生前的几位合作者进行了交流。当时，正值新冠疫情肆虐居家隔离的日子，我与王斌的交流，只能通过微信进行。每写一章，我便打印出来，拍照后传给他修改和认定，之后再回传给我。如此反复多次，才算定稿。写到一半时，我把书稿打印出来，给他送到家里。王斌家住在一个军队大院里，因为疫情不能随便出入，我便在与大院相连的体育馆外，隔着铁栅栏与他交谈了半个小时。临别，我将已完成的半部书稿隔着铁栅栏递给他，他又将补充材料、王莘生前好友冰沉记录的“王莘自述”交到我手中。那情景，就像谍战片里两个特工在交换情报，现在想起都觉好笑。读到王莘在生命最后的日子，如何与病魔顽强抗争时，王斌说：“我看哭了。哭了十分钟。但我是他儿子，被感动是必然的，如果我们的书能让读者也感动，也流泪，这才说明我们成功了。”

原来我以为，《歌唱祖国》是王莘音乐创作的高峰。写完这本书才明白：王莘的一生，虽历经坎坷与磨难，却始终精彩、高潮迭起。如果说，《歌唱祖国》是他音乐创作的高潮的话，那么，晚年坐在轮椅上，用一只手写歌和指挥众人高唱《歌唱祖国》，则是王莘生命的高光时刻。

作为人物传记，本书力求将史实与文学、叙事与描写有机结合起来，以再现特定历史环境下主人公的成长过程、艺术观与世界观的形成过程，塑造一个热爱祖国、热爱人民、不忘初心、牢记使命、毕其一生为伟大时代引吭高歌的人民艺术家的形象。在叙事结构上，本书以历史阶段和时间顺序为情节发展的线索，以既有的历史结论和文字记载为写作依据；属于重大历史节点的内容详写，日常生活与工作的内容略写；以历史感、真实性为基础，辅以适当合理的艺术想象和细节描写；在语言表述上，追求简练、质朴、生动、流畅的文风，以增强作品的感染力和可读性。当然，由于王莘和同时代人多已作古，缺乏与当事人直接的对话和交流，所留文字记载亦较有限，加之一些历史原因，对王莘一生的回望与记述，必定会有某些语焉不详乃至缺失遗漏之处，还望得到大家的理解与体谅。

在写作过程中，我和王斌以及本书的责编韩鹏都意识到，鉴于王莘和他的《歌唱祖国》在全球华人中的深刻影响，2021 年又逢《歌唱祖国》发表 70 周年，有必要在“海河西岸记忆丛书”版本的基础上，充实内容，并增添近百张珍贵的历史照片，再出一本“升级版”的《歌唱祖国：王莘传》，也就是现在呈现在读者面前的这本书。

然而世事无常，正当本书紧锣密鼓编辑出版过程中，我的合作者、挚友王斌先生，却因罹患重病处于昏迷状态，令人扼腕叹息。王斌啊王斌，你不是热切期待着新书面世之时，在发布会和座谈活动中，指挥你的王莘合唱团，现场高唱《歌唱祖国》吗？你不是想进入大学校园，让年轻学子们读读这本书，了解历史，了解王莘，激发他们的爱国热情吗？你不是还力主在书中多加些照片，因为年轻人更习惯“读图”吗？你不是计划将本书推荐给影视制片人，供他们改编成影视作品吗？而现在，如果没有奇迹发生，你也许无法亲眼看到和实现你的愿景了。尽管如此，我仍相信，你在有生之年里，圆满完成了为父亲作传的夙愿，也算不枉此生、不辱使命了！

最后，本书在写作过程中还参照了侯炳茂《三八线来了位作曲家》、王斌《王莘歌曲全集》以及《今晚报》《河北日报》《每日新报》等媒体的相关报道。此外，在本书尚未出炉时，天津日报副刊主编罗文华便决定在《天津日报》连载。在此一并表示感谢！

杜仲华

2021 年 5 月 20 日